L'Interprétation des rêves

Sigmund Freud

avec le texte du chapitre VI
§ 1, 2 et 3

Analyse et présentation
par Dominique Bourdin
Professeur agrégé de philosophie
Docteur en psychopathologie fondamentale
Psychanalyste
(Société psychanalytique de Paris)

Bréal
1, rue de Rome — 93561 Rosny Cedex

ÉDITION : Anne-Béatrice Muller

MISE EN PAGE : GG Publication

Dépôt légal : décembre 2001.
ISBN 2 84291 780 4.

AVANT-PROPOS

L'INTERPRÉTATION des rêves est au cœur de la psychanalyse. Elle confirme et sous-tend l'hypothèse de Freud : il existe des phénomènes psychiques inconscients, et les désirs inconscients sont des clés de compréhension des symptômes pathologiques comme de la vie psychique de tous.

L'Interprétation des rêves, publiée en 1900, œuvre fondamentale pour comprendre la pensée freudienne sur le rêve, est l'acte de naissance de la psychanalyse. Elle montre comment se forme le rêve, comment on peut le comprendre, pourquoi le rêve est si révélateur de notre fonctionnement psychique, mais aussi pourquoi on a pu si longtemps ignorer son importance.

Le rêve est le lieu d'une réalisation hallucinatoire de nos désirs. Pourtant, la plupart du temps, en racontant nos rêves, nous ne reconnaissons pas le sens qu'ils ont, ni ce qu'ils expriment de nous-mêmes. Seuls les rêves des tout jeunes enfants sont immédiatement clairs. Pourquoi cette déformation, ce déguisement de nos désirs au point que même celui qui a fait le rêve ne reconnaît pas sa signification ? Pourquoi sommes-nous ainsi étrangers à nous-mêmes ? Peut-on surmonter et expliquer l'absurdité apparente de certains rêves ?

Le rêve requiert d'être déchiffré, interprété. La psychanalyse est une herméneutique, c'est-à-dire une théorie et une technique d'interprétation. Elle propose l'interprétation de nous-mêmes, dans notre singularité : aucune clé des rêves, qui donnerait une liste de symboles ou de sens,

ne peut permettre de comprendre un rêve. Le rêve prend son sens à un moment donné, dans l'histoire de quelqu'un, et ne livre ce sens qu'à partir des idées qui viennent au rêveur quand il y repense, à partir de ses « associations libres », dans la relation de confiance qu'il établit avec celui à qui il raconte ses rêves en laissant aller sa pensée.
Deux autres traits majeurs caractérisent le rêve : dans le rêve il est souvent, sinon toujours, question de sexualité, car c'est la dimension pulsionnelle de notre existence qui requiert cette production hallucinatoire. Et dans le rêve, il est toujours des éléments qui nous renvoient à notre petite enfance : l'infantile reste vivant dans l'adulte, nos désirs anciens n'ont pas disparu, et l'enfant éprouvait donc déjà des désirs passionnels et des mouvements pulsionnels. Il existe une sexualité infantile.
C'est aussi par le rêve que Freud voit confirmée sa compréhension de l'origine des névroses : les maladies psychiques ont leur source dans l'enfance et mettent en jeu la sexualité. Nous sommes des êtres de désir, les pulsions sexuelles et agressives sont constitutives de notre psychisme ; mais l'homme est aussi celui qui se transforme lui-même, qui élabore son être – en grande partie inconsciemment. Le rêve est un des grands laboratoires de cette transformation de soi, de ce travail de transformation des pulsions, qui s'opère notamment par le refoulement et la sublimation. C'est pourquoi le rêve est décisif aussi pour rendre compte de la créativité et s'interroger sur l'art.
La traduction que nous donnons est celle de l'édition française de référence (aux PUF), par I. Meyerson. Elle sera mentionnée par l'abréviation M, suivie du numéro de la page. Mais seule l'édition anglaise (la *Standard Edition* de Strachey) est une édition critique indiquant les additions de Freud lors des publications successives.

SOMMAIRE

DEUXIÈME PARTIE

Lire *L'Interprétation des rêves* : texte du chapitre VI § 1, 2 et 3 et commentaire

OUTILS

PREMIÈRE PARTIE

Présentation et analyse de *L'Interprétation des rêves*

I

REPÈRES

1. — La vie et l'œuvre de Freud

La famille Freud quitte la Moravie où Sigmund est né en 1856, et s'installe à Vienne quand l'enfant a trois ans. Freud étudie la médecine, travaille comme chercheur, mais contraint de gagner sa vie pour pouvoir se marier, il s'installe comme neurologue. Un stage auprès du célèbre aliéniste Charcot confirme son intérêt pour les maladies psychiques, notamment l'hystérie. Breuer, un médecin plus âgé, lui signale le cas d'une jeune hystérique à qui il a fait raconter sous hypnose les préoccupations et fantasmes qui sous-tendent ses symptômes. Tous deux publieront en 1893 des *Études sur l'hystérie* contenant l'histoire de cette jeune fille, Anna O., mais aussi des cas traités par Freud et les réflexions très nouvelles que ces traitements lui inspirent. Bientôt, Freud renonce à l'hypnose et définit sa méthode : les associations libres, consistant à inviter le patient à dire tout ce qui lui vient à l'esprit. Dans une correspondance suivie et quelques rencontres avec un ami médecin, Wilhelm Fliess, Freud expose ses hypothèses et ses interrogations diagnostiques et commence à s'interroger sur les rêves.

En 1900 paraît *L'Interprétation des rêves*, dont Freud attend beaucoup, mais qui est boudée par ses collègues. Dans la même ligne d'interprétation des phénomènes psychiques quotidiens, il publie *La Psychologie de la vie quotidienne* (1902) : les oublis, les lapsus, les actes manqués ; puis *Le Mot d'esprit dans ses rapports avec l'inconscient* (1905). Parallèlement, alerté par sa pratique psychanalytique et par les rêves, il se tourne vers la sexualité : les *Trois Essais sur la théorie sexuelle* (1905) traitent de la sexualité infantile, de l'adolescence et des perversions sexuelles.

Freud réunit des partisans de cette méthode nouvelle, à Vienne puis à Zurich (Jung, Abraham) ou à Berlin (Ferenczi). Le mouvement psychanalytique international est né. En 1904, il prononce des conférences aux États-Unis, publiées en 1909 sous le titre de *Cinq leçons sur la psychanalyse*, et qui proposent une introduction aisée à sa pensée (la 3e conférence est consacrée au rêve).

Loin d'en rester aux idées acquises, Freud remet toujours en cause ses conceptions théoriques, à partir des cas cliniques qui l'ont frappé. Un moment important de sa pensée est l'introduction de la notion de narcissisme en 1914. Des écrits de 1915 formulent sous le titre de *Métapsychologie* une synthèse sur des concepts essentiels. Mais la pratique clinique suscite de nouvelles réflexions, en particulier sur la tendance du psychisme à la répétition, tandis que la Première Guerre mondiale amène Freud à s'interroger sur la violence et la destructivité. Désormais, son œuvre, déjà très ouverte à la mythologie, à l'art et à la littérature, comprendra une part importante de textes sur la civilisation et la psychologie collective.

La destructivité psychique et sociale est aussi au premier plan dans la genèse d'une autre innovation, l'introduction de la pulsion de mort en 1920, qui divise les analystes. Travaillant dans cette perspective, Freud précise sa compréhension du fonctionnement psychique par la description de ce qui constitue « l'appareil psychique » :

le ça pulsionnel, le moi organisateur, et le surmoi, intériorisation des interdits et de l'idéal. La suite de son œuvre continue à explorer les difficultés et les surprises de la cure psychanalytique, les pathologies les plus complexes (le fétichisme et le masochisme, mais aussi les psychoses où se perd la relation commune à la réalité), ainsi que la sexualité féminine, qui lui paraît trop peu élucidée.

En 1938, Freud se décide à quitter l'Allemagne nazie et s'installe à Londres où il meurt en 1939.

2. — *L'Interprétation des rêves*

L'Interprétation des rêves fonde la psychanalyse. Freud est désormais sûr de sa découverte.

Les années précédant cette publication de 1900 ont été des années de travail et de tâtonnements, qui ont amené en 1897 le renoncement à la *neurotica* antérieure, c'est-à-dire à une compréhension des névroses (maladies liées à une souffrance psychique) comme résultat direct de la séduction sexuelle d'un enfant par un adulte. Cette interprétation des phénomènes pathologiques (angoisses, phobies, symptômes divers) prêtait à l'agression sexuelle la capacité de susciter une prédisposition à la névrose obsessionnelle (manifestée par des compulsions, des rituels, de la rigidité psychique, des doutes et des scrupules) si la culpabilité pour un plaisir, ressenti malgré tout, a dominé chez l'enfant; si la confrontation à la sexualité adulte a été si précoce qu'elle a sidéré ses capacités d'élaboration, alors peut se manifester une hystérie – douleurs physiques d'origine psychique, attitude théâtrale et besoin d'être au centre de l'intérêt, attitude séductrice accompagnée d'une peur de la sexualité.

Mais cette explication ne tient pas devant la fréquence des troubles psychiques : il faudrait supposer que tous les adultes ou presque sont pervers et ont agressé sexuellement des enfants – souvent les leurs. Freud recule devant cette généralisation injustifiée et découvre que les enfants ont une vie sexuelle et des « théories infantiles » sur la sexualité, qu'ils s'interrogent et qu'ils fantasment (« D'où viennent les enfants ? » ; « Que font papa et maman quand nous ne sommes pas là ? »).

Or rêveries et fantasmes restent actifs à l'âge adulte. Lors des associations libres de la cure, les patients racontent des rêves dont Freud s'étonne de découvrir qu'ils le conduisent directement au cœur de la compréhension de l'histoire vécue et des fantasmes de la personne – car, dira-t-il, le rêve est la voie royale vers l'inconscient. De plus, les rêves qu'il fait lui-même après la mort de son père (octobre 1896), et qui accompagnent son travail de deuil (élaboration psychique qui est aussi une « auto-analyse », l'analyse de ses propres fonctionnements psychiques) lui montrent que les rêves des névrosés sont semblables à ceux de tous : ils expriment et réalisent fantasmatiquement, dans l'hallucination du rêve, des désirs inconscients, ignorés de celui qui rêve, et peu compréhensibles quand il raconte son rêve. L'analyse y retrouve à la fois le désir actuel exprimé par le rêve et des traces toujours actives des expériences et des désirs de l'enfant que fut jadis le rêveur.

L'Interprétation des rêves répond à cette énigme du rêve. Freud en montre le sens et la fécondité, dans une œuvre magistrale, qui fourmille d'exemples et discute chacun des problèmes posés par cette étrange activité psychique inconsciente. Le début du chapitre VI analyse comment se forme le rêve – le « travail du rêve » –, car le rêve se présente à l'analyste comme un rébus à déchiffrer…

II

ÉTUDE DE L'ŒUVRE

1. — Synopsis de l'œuvre

L'Interprétation des rêves se compose de quatre parties implicites, réparties en sept chapitres inégaux.

La première partie (chapitre Ier) est un état de la question : Freud y passe en revue la littérature scientifique consacrée au rêve. Il réfute les objections apportées au principe de donner au rêve une signification, trie parmi les observations antérieures ce qui lui semble valide, et prépare le lecteur à sa propre perspective. Il aborde les relations entre rêve et veille, les stimuli susceptibles de provoquer un rêve, l'oubli du rêve, sa moralité, sa psychologie et ses fonctions.

Les chapitres II à IV (deuxième partie) sont une présentation systématique du phénomène du rêve : Freud y propose d'emblée l'interprétation d'un rêve complexe, « l'injection faite à Irma » (chapitre II), puis pose et justifie sa définition du rêve comme accomplissement de désir (chapitre III). Il rend compte des déformations dans le rêve, propos nécessaire pour faire admettre que le rêve soit un accomplissement de désir même s'il n'en a pas l'air, puis examine le contenu des rêves, c'est-à-dire le « matériel » qui les constitue. Les sources de ce matériel sont alors repérables : le corps endormi, mais aussi et surtout les traces toujours actives de l'expérience infantile. La singularité des rêves coexiste avec leur caractère d'expérience humaine commune, ce que manifeste la grande fréquence des « rêves typiques », qui arrivent à la plupart des gens, sont souvent récurrents et relativement stéréotypés : tomber, voler, être poursuivi, perdre une dent, passer un examen, mais aussi rêver de la mort d'êtres chers.

Après avoir décrit le phénomène, on peut l'analyser (troisième partie, chapitres V et VI). Freud rappelle alors sa grande innovation épistémologique, qui fait véritablement « coupure » – en référence à la notion de coupure épistémologique selon Gaston Bachelard (*La Formation de l'esprit scientifique*) – avec les études du rêve qui ont précédé la sienne : l'introduction d'une distinction entre contenu manifeste et contenu latent (c'est-à-dire inconscient et donc caché). Cette distinction mène de la description des phénomènes à leur compréhension, condition de leur interprétation. Les premiers paragraphes du chapitre (étudiés ici) sont essentiels pour découvrir la méthode freudienne et la cohérence de cette pensée. Freud y déploie en effet sa compréhension des processus de formation du rêve : condensation, déplacement, figuration, représentations symboliques. Puis il aborde des problèmes particuliers : les rêves absurdes, l'activité intellectuelle et les affects dans le rêve, et précise comment se fait la mise au point ou la « toilette » du rêve, qui gomme ses incohérences et ses absurdités : l'élaboration secondaire du rêve, préconsciente, en favorise l'unité et le caractère de récit ou de scénario. La narrativité, facteur de cohérence apparente, masque efficacement le contenu latent du rêve (les pensées inconscientes), et parallèlement en facilite la mémorisation consciente ; un texte nouveau cache l'ancien, comme dans les anciens manuscrits, grattés puis réécrits, appelés palimpsestes.

Enfin, le chapitre VII (quatrième partie), qui s'ouvre sur le rêve saisissant de l'enfant qui brûle, est une élaboration théorique menée à partir de l'étude de la psychologie des processus du rêve : l'oubli des rêves, la régression mise en œuvre dans le rêve, les cauchemars, les fonctions du rêve, les rapports entre conscient et inconscient dans le rêve. Elle conduit à la compréhension freudienne de l'appareil psychique, c'est-à-dire qu'elle explicite les bases de la compréhension psychanalytique susceptible de rendre compte de l'organisation psychique de la personne humaine. Deux concepts essentiels à la psychanalyse y sont étudiés : le processus primaire, caractéristique des productions de l'inconscient (opposé au processus secondaire, celui de la pensée consciente) ; et le refoulement, force capable de rejeter hors de la conscience certains désirs et certaines pensées.

L'ouvrage éclaire donc tout le fonctionnement du psychisme.

2. — Lecture pas à pas : la compréhension freudienne du phénomène du rêve

Le phénomène du rêve et son interprétation

Les problèmes du rêve (chapitre Ier)

Le livre se construit à la manière d'une enquête, dans une traque systématique de tout ce que l'on peut dire sur le rêve, puis dans une présentation patiente des différents éléments constituants d'un rêve.

Des contenus mentaux internes et méconnus

Le rêve manifeste une étrangeté à l'intérieur du psychisme, une part des représentations qui se passent en nous nous échappent. « Nous avons donc l'expérience de contenus mentaux à la fois intimes et inconnus » (P.-H. Castel, *Introduction à « L'Interprétation du rêve »*, p. 7). Le rêve dépend d'une motivation psychique, mais celle-ci reste inconsciente.

Le rêve relève d'un paradoxe : je ne veux pas savoir ce que je sais, je ne veux pas penser ce que je pense ; il est le retour de pensées indésirables, l'expression d'un désir méconnu.

La méthode d'interprétation (chapitre II)

Freud veut rendre rigoureuse la conception qui prête au rêve un sens caché. Or il est deux traditions d'interprétation. L'interprétation symbolique vise le rêve comme un tout et y décèle une intentionnalité. L'interprétation cryptique décompose le rêve en éléments dont chacun est interprété isolément en fonction d'une clé d'interprétation. La méthode de Freud fait la synthèse : d'abord cryptique, elle part d'une attention minutieuse à chaque détail, suscitant pour chacun les associations d'idées du rêveur. Mais le rêve a bien une structure finalisée, une intentionnalité, et le tout est un contexte qui organise l'ensemble (apport de l'interprétation symbolique).

Pour comprendre un rêve, il est donc indispensable de disposer des associations du rêveur. C'est ce qui amène Freud, malgré une certaine répugnance, à livrer au public ses propres rêves.

Le rêve de l'injection faite à Irma

Freud propose donc un de ses rêves comme exemple de référence. Le contexte est celui de la cure d'une jeune hystérique, Irma. Dans le rêve, un jour de réception, Freud reproche à Irma de refuser la seule solution à sa maladie ; l'analyse montrera qu'il s'agit des relations sexuelles : la solution serait de se marier. Mais Irma se plaint de douleurs à la gorge, son visage est pâle et bouffi, son état inquiétant. Freud n'a-t-il pas négligé quelque symptôme organique ? Il examine sa gorge, où figurent des formations blanches, contournées, et appelle des amis et collègues à la rescousse pour qu'ils examinent aussi Irma. Il s'avère qu'il s'agit d'une infection, mais le pronostic peut rester optimiste. Otto, médecin ami de Freud a récemment fait une piqûre à Irma qui était souffrante ; il s'agissait de… – le mot échappe d'abord à Freud dans le souvenir de son rêve, puis se précise : non pas propyle ou propylène, mais triméthylamine. La formule chimique apparaît, dans le rêve, imprimée en caractères gras. Il s'agit d'injections délicates, et peut-être la seringue n'était-elle pas propre.

Le rêve intrigue Freud parce qu'il contient beaucoup d'éléments surprenants, et qu'il est en décalage avec les préoccupations conscientes qu'il avait pour Irma avant de s'endormir ; la veille en effet, il était en train de rédiger l'histoire de sa maladie. D'emblée, à l'analyse, l'intention du rêve se manifeste : avoir du succès quel qu'en soit le prix. Mais il faut pour cela, au point où en est Freud de sa réflexion, que le patient admette l'interprétation qu'il lui propose. Irma met donc Freud en échec, et le rêve est une réaction qui tente d'effacer l'échec en le remplaçant par un succès : si Irma ne guérit pas, c'est de sa faute, pas de la mienne, puisqu'elle n'accepte pas ma solution. Mais, pour cela, le rêve ravive toutes sortes de désirs enfouis, liés à l'angoisse d'avoir commis des fautes médicales (ce qu'a fait son ami Fliess lorsqu'il a opéré Irma du nez, et dont Freud veut l'excuser). Plusieurs collègues sont évoqués directement ou indirectement par le rêve, dans ce contexte d'élaboration de la responsabilité médicale : si c'est Otto qui est responsable, il a des excuses, et ce n'est ni moi ni Fliess qui sommes coupables.

Freud interrompt l'analyse du rêve par discrétion, et en tire quatre conclusions :

1° Le contenu du rêve est un accomplissement de désir (*Wunscherfüllung*) : ici, Freud désire faire reconnaître (y compris à ses propres yeux), qu'il n'a rien à se reprocher.

2° Sous cet angle apparaît le sens et la fonction de chaque détail.

3° Le rêve réalise son intention sans tenir compte de la logique habituelle. Ainsi dans l'histoire du chaudron, où celui à qui l'on a confié un chaudron qu'il refuse de rendre prétend à la fois qu'il n'a pas de chaudron, que ce chaudron est à lui, et qu'on ne le lui a jamais confié.

4° Ces contradictions internes au désir sont reflétées dans les représentations par contraste figurant dans le rêve.

On peut aujourd'hui en dire davantage sur Irma, la patiente du rêve, qui se nommait en réalité Emma Eckstein. Freud a été très affecté d'apprendre la faute médicale de son ami, ORL qu'il avait conseillé à Emma. Lors de l'opération, Fliess a oublié de la gaze dans le nez d'Emma ; une infection grave s'en est suivie et il a fallu réopérer. C'est pourquoi la responsabilité de Freud dans le diagnostic d'hystérie et celle de Fliess – dont pour la première fois Freud se met à douter sans vouloir encore se l'avouer – se trouvent mêlées dans le rêve. Excuser Fliess, c'est s'excuser lui-même.

La formule chimique de la triméthylamine a été magnifiquement commentée par Didier Anzieu, en une poursuite de l'analyse de ce rêve qu'il serait trop long de reconstituer ici. Anzieu montre comment ce rêve et son interprétation signent la naissance de la psychanalyse et permettent à Freud, au sein même de l'incertitude et de la culpabilité, en quête de l'approbation de ses collègues, de prendre confiance en l'originalité et en la valeur de sa méthode.

Le rêve, accomplissement de désir (chapitre III)

Peut-on conclure que tous les rêves ne sont que des réalisations de désirs ? Freud montre combien le désir est le langage du rêve : les rêves de commodité (par exemple rêver de boire quand on a soif), qui permettent de continuer à dormir malgré l'éveil d'un besoin physiologique, l'illustrent bien. Nos rêves les plus fascinants sont la complication de ces rêves de désir élémentaires.

Les rêves des tout jeunes enfants manifestent également cette signification fondamentale du rêve : réaliser le désir qui n'a pu être accompli ou qui a été interdit (manger des fraises, se baigner lors d'une promenade). Leurs rêves réalisent les désirs et les fantasmes de la journée.

Le rêve, phénomène psychique, est donc un désir réalisé. Mais alors il faut expliquer le déguisement du désir dans le rêve : pourquoi se présente-t-il comme une énigme au lieu d'être immédiatement reconnaissable ?

La déformation dans le rêve (chapitre IV)

Il reste en effet à expliquer la déformation (*Entstellung*) des désirs tels qu'ils se manifestent dans les rêves. Peut-on d'ailleurs parler de désir dans le cas du cauchemar ou rêve d'angoisse ? Freud fait une distinction (sur laquelle il reviendra au chapitre VI) entre « contenu latent » et « contenu manifeste » du rêve : le contenu latent est toujours la satisfaction d'un désir, mais celui-ci n'apparaît dans le contenu manifeste – ce que l'on comprend lors du récit du rêve – que lorsque le désir n'est pas refoulé. L'interprétation doit donc restituer le désir refoulé, déjà présent mais sous une forme déguisée, dans le contenu manifeste.

Mais d'où provient la déformation ? Pour l'expliquer, Freud examine le rêve de « l'oncle à la barbe jaune », composé de deux pensées et de deux images :

« *I. Mon ami R. est mon oncle. – J'ai pour lui une grande tendresse.*

« *II. Je vois son visage devant moi un peu changé. Il paraît allongé, on voit très nettement une barbe jaune qui l'encadre.* »

Ce rêve intrigue Freud, qui reconnaît en lui la même résistance que celle de ses patients devant les rêves qui les dérangent. Le seul oncle de Freud est l'oncle Joseph, qui eut des ennuis pour fausse monnaie. Le père de Freud, très attristé, disait de lui qu'il n'était pas mauvais mais que c'était une tête faible. R. figure dans le rêve l'oncle Joseph, donc le rêve porte le jugement suivant : R. est une tête faible. Très brun, R. commence à grisonner, et sa barbe noire devient jaunâtre. Le visage du rêve combine donc ceux de l'oncle Joseph et de R. L'ami de Freud est pourtant irréprochable, contrairement à l'oncle Joseph. Mais un collègue de Freud, N., qui le félicitait pour sa nomination comme professeur, lui a fait part d'une accusation calomnieuse qu'il avait subie. Ainsi les deux collègues qui, contrairement à Freud, n'ont pas obtenu de poste de professeur extraordinaire (c'est-à-dire occasionnel) à l'université, sont qualifiés dans le rêve l'un de tête faible, l'autre de criminel : si ce n'est pas parce qu'ils étaient tous deux juifs comme Freud qu'ils n'ont pas été nommés, dans la Vienne antisémite de l'époque, sa nomination à lui (qui s'est fait recommander pour le poste) n'est plus douteuse. Il peut donc jouir de sa promotion sans entrave ni culpabilité.

Pourquoi Freud rabaisse-t-il deux collègues honorables ? Il ne croit ni à la culpabilité de N. ni à la faiblesse d'esprit de R. Le rêve exprime cependant le désir qu'il en soit ainsi – comme il avait désiré, dans le rêve de l'injection faite à Irma, que la maladie de sa patiente provienne de l'injection d'Otto.

Mais alors, que signifie la tendresse éprouvée dans le rêve lorsque Freud s'aperçoit que R. est son oncle ? Il n'a jamais éprouvé une telle tendresse pour cet oncle, et si R. est un ami proche, ce n'est pas une tendresse de ce genre qu'il éprouve pour lui. La tendresse est ici exagérée, tandis que cette exagération se retrouve inversée dans le peu d'estime exprimé pour sa valeur intellectuelle. La tendresse relève ici de la résistance ; elle est un procédé de dissimulation : les pensées latentes étaient injurieuses pour R., la tendresse exagérée sert à éviter de le remarquer.

Il existe des rêves où le désir s'exprime directement, sans être voilé. Lorsque l'accomplissement de désir est méconnaissable, déguisé, c'est qu'il y a une défense contre lui ; le rêve n'a pu s'exprimer que déformé – de même que la politesse déforme parfois notre attitude à l'égard de gens puissants ou que nous voulons ménager, ou de même que l'écrivain redoute la censure. C'est la censure psychique que la déformation du rêve veut déjouer. Plus la censure est sévère, plus le déguisement sera complet.

Ainsi, deux grandes forces concourent à la formation du rêve : les tendances qui construisent le désir exprimé par le rêve, et le système qui censure le rêve en déformant l'expression de ce désir. La seconde instance, celle qui censure, permet l'accès du rêve à la conscience.

Les rêves apparemment contraires au désir

Des rêves à contenu apparemment pénible peuvent être des réalisations de désir si l'on reconnaît qu'il y a eu déformation : le contenu pénible est en fait le travestissement de ce que nous souhaitions. Les rêves pénibles contiennent des faits ou des idées pénibles pour l'instance qui censure, mais sont en même temps l'accomplissement d'un désir de l'instance qui produit le rêve. L'analyse doit donc dévoiler le sens caché de chaque rêve, qui est d'accomplir un désir. Freud propose alors l'analyse de rêves apparemment contraires au désir, mais qui en sont l'accomplissement déguisé.

Ainsi, le célèbre rêve de la bouchère met en scène une patiente de Freud qui veut donner un dîner, mais n'a qu'un peu de saumon fumé. Les magasins sont fermés et le téléphone est détraqué. Loin d'accomplir son désir manifeste, elle doit donc renoncer à son dîner. Mais l'analyse du rêve montre que cette femme veut en fait ne pas inviter une amie trop mince : si, bien nourrie grâce à son invitation, elle s'épanouissait, elle risquerait de trop plaire à son mari. Le saumon fumé renvoie aux goûts de l'amie en question, alors que la rêveuse souhaiterait plutôt manger régulièrement du caviar. Dans son rêve, la rêveuse s'identifie donc à cette amie dont elle est inconsciemment jalouse. L'identification hystérique entre elle et son amie est un facteur de la formation du rêve : elle se met à la place de son amie dans le rêve, parce que celle-ci pourrait se mettre à sa place à elle auprès de son mari et parce qu'elle voudrait prendre, dans l'estime de son mari, la place de son amie. Le non-accomplissement d'un désir (ici : donner un dîner, et manger du caviar tous les jours) peut ainsi exprimer l'accomplissement d'un autre. Le rêve est donc l'accomplissement généralement déguisé d'un désir réprimé ou refoulé.

Le matériel et les sources du rêve (chapitre V)

Les restes diurnes : la monographie botanique

Freud revient sur les problèmes abordés au chapitre Ier, mais il dispose désormais des concepts d'accomplissement de désir, de censure et de contenu latent. L'extrême variété des rêves fait appel à des formes de mémoire très hétérogènes : souvenirs de la veille ou « restes diurnes », données insignifiantes, événements de l'enfance.

Pour étudier ces éléments, Freud prend appui sur l'analyse du rêve de la monographie botanique (repris au chapitre VI) : « *J'ai écrit la monographie d'une certaine plante. Le livre est devant moi, je tourne précisément une page où est encarté un tableau en couleur. Chaque exemplaire contient un spécimen de la plante séchée, comme un herbier.* »

Freud a vu la veille à la devanture d'un libraire un livre sur le Cyclamen, la fleur préférée de sa femme. Il se reproche de ne pas penser souvent à lui apporter des fleurs, et se souvient d'une ancienne patiente, Mme L., qui a pleuré parce que son mari avait oublié de lui en offrir pour son anniversaire. Il y courut lorsqu'elle lui eut rappelé la date, mais cela ne l'a pas consolée : l'oubli a montré qu'elle ne tient plus dans ses pensées la place d'autrefois. Cette jeune femme a récemment rencontré Mme Freud.

D'autre part, Freud a fait autrefois une étude sur la coca qui a attiré l'attention sur les propriétés anesthésiantes de la cocaïne, que Koller a approfondies alors que Freud n'avait fait que les signaler. Le matin qui a précédé le rêve, Freud a pensé à la cocaïne lors d'une rêverie : si jamais il avait un glaucome, il irait se faire opérer les yeux incognito à Berlin ; le médecin soulignerait combien ces opérations sont aisées depuis que l'on utilise la cocaïne, et Freud écouterait sans mentionner la part qu'il a eue dans cette découverte. De plus, il pourrait ainsi payer, comme tout le monde, sans être soigné gratuitement en tant que collègue, ce qui est gênant. Le père de Freud a d'ailleurs eu un glaucome, peu après les découvertes de Koller, et fut opéré par l'oculiste Königstein, ami de Freud, avec une anesthésie faite sous cocaïne. Le Dr Koller, qui était présent, nota que les trois personnes qui avaient participé à l'introduction de l'usage de la cocaïne dans ce domaine étaient là. La dernière fois que Freud a repensé à cette histoire, c'était il y a quelques jours, en recevant un volume commémoratif édité pour le jubilé du professeur directeur du laboratoire, où l'on mentionnait Koller.

La veille, Freud a accompagné chez lui le Dr Königstein, et la conversation a porté sur un sujet qui l'émeut ; ils ont aussi évoqué Mme L. et vu passer le Dr Gärtner (qui a participé au livre commémoratif) avec sa jeune femme ; Freud les a félicités de leur mine florissante.

D'autre part, quand il était lycéen, Freud avait contribué à examiner et nettoyer l'herbier de l'établissement ; il se rappelle des crucifères qui s'y trouvaient et plus tard, lors d'un examen de botanique, il fut lui-même interrogé sur une crucifère qu'il ne reconnut pas. L'artichaut n'est pas une crucifère, mais une composée, et c'est peut-être la fleur que Freud préfère.

Un ami a écrit à Freud qu'il voyait devant lui, par avance, son livre sur les rêves, comme dans son rêve il voit la monographie. Le tableau en couleur qui se trouve encarté lui rappelle ceux des journaux médicaux qu'il recevait. Quand il se mit lui-même à publier, il dut en dessiner et un collègue, habituellement bienveillant, se moqua de l'un d'eux.

Un souvenir de la petite enfance lui revient aussi : son père avait laissé à sa sœur de trois ans et à Sigmund âgé de cinq ans un livre avec des images en couleur (description d'un voyage en Perse), et ils avaient éprouvé une joie infinie à déchirer ce livre feuille à feuille, comme s'il s'était agi d'un artichaut. Plus tard, étudiant, il eut une passion pour les livres qu'il aurait voulu collectionner – comme dans le rêve apparaît la passion pour l'étude, pour les cyclamens et pour les artichauts.

Le rêve exprime donc à nouveau un plaidoyer où Freud affirme sa valeur : il a fait un travail fécond sur la coca. Dans ce rêve de la monographie botanique, l'instigateur du rêve est la conversation avec le Dr Königstein. Un autre reste diurne, la monographie aperçue en vitrine, est anodin, mais croise plusieurs associations d'idées significatives tandis que la source du rêve est un souvenir du livre que Freud enfant avait déchiré feuille à feuille sans être grondé. Le désir sous-jacent est une aspiration à l'indépendance. C'est par associations multiples que sont ainsi connectés les restes diurnes, les souvenirs infantiles et les éléments anodins. Freud compare le travail du rêve au trait d'esprit qui utilise également un déplacement (*Verschiebung*) des représentations. Il n'y a donc pas de contenu insignifiant, tout est en relation avec le désir ou avec la censure ; les événements récents insignifiants renvoient aux désirs refoulés.

Le matériel d'origine infantile, source du rêve

Comment les souvenirs infantiles s'ajustent-ils à ces événements récents ? Déjà pendant l'enfance, ces désirs se sont fixés et exprimés ; ils reviennent chez l'adulte, ce qui signifie que la vie pulsionnelle de l'enfant reste active de façon cachée chez l'adulte. Les rêves récurrents, qui font retour et sont insensibles aux modifications récentes, sont fondamentalement infantiles.

L'insignifiant, l'actuel et l'infantile dans le rêve sont peu à peu ramenés, par les analyses successives, d'une pluralité de significations diverses à un désir infantile sous-jacent.

Les sources somatiques du rêve

Abordée au premier chapitre, la question des sensations corporelles peut désormais être clarifiée. En aucun cas le rêve ne provient seulement des besoins ou sensations du corps. Mais il peut s'y trouver un apport venu des impressions du corps pendant le sommeil, mis en relation avec le désir exprimé par le rêve.

Les rêves typiques

La fin de ce chapitre vient répondre à un autre préjugé : les rêves typiques indiqueraient des clés générales pour le rêve. Or seules les associations d'idées faites par l'individu qui a rêvé peuvent fonder l'interprétation. Mais les rêves fréquents au point d'être typiques ne suscitent généralement que très peu d'associations. La méthode symbolique est alors le seul recours, incertain et approximatif.

Freud examine ainsi les rêves de vol et de chute, les rêves d'examen, les rêves embarrassants de nudité en public – expression de l'exhibitionnisme infantile – et les rêves de mort de personnes aimées, membres de la famille ou autres proches : ces rêves témoignent du narcissisme de l'enfant qui rejette tout ce qui le gêne.

Le travail du rêve (chapitre VI)

Le rêve est un rébus

Freud parle du rêve comme d'un rébus pour introduire l'étude des relations qui unissent le contenu manifeste, si souvent trompeur, au contenu latent, si souvent déguisé et rendu méconnaissable. Ce sont donc les procédés du travail du rêve qui retiennent désormais son attention, en un chapitre d'un grand intérêt épistémologique et technique.

La condensation

Les associations qui permettent l'interprétation du rêve sont beaucoup plus nombreuses et développées que le récit du rêve. Chaque élément du rêve manifeste renvoie par des ramifications complexes vers les restes diurnes, l'infantile et de multiples éléments de la vie du rêveur. Le réseau d'associations et de relations entre contenu manifeste et contenu latent est très dense, et les éléments anodins ou insignifiants semblent choisis précisément pour les multiples connexions qu'ils rendent possibles. C'est ce que Freud montre en reprenant, entre autres exemples, l'interprétation du rêve de la monographie botanique où les connexions foisonnent. Chaque rêve se caractérise par la multiple notation dans le rêve d'une même idée latente, tandis que le déploiement des idées latentes déborde de beaucoup le simple récit du rêve, particulièrement condensé. Freud revient au rêve de l'injection faite à Irma pour achever sa démonstration.

Même les mots et les noms sont sujets aux mêmes compositions et condensations que les représentations d'objet. Il s'ensuit des créations de termes surprenantes et parfois comiques dont Freud fournit quelques exemples. L'analyse des mots dépourvus de sens dans les rêves peut ainsi servir à l'étude du travail de condensation.

Quant aux discours, nettement distincts des pensées, ce sont des souvenirs de paroles réelles, restées sans modification ou légèrement altérées. Il y a parfois fusion de plusieurs discours remémorés, certains mots leur étant communs. Le sens peut être polysémique, plus ou moins transformé, ou servir d'allusion à l'événement qui avait donné lieu à ces paroles.

Le travail de déplacement

Des éléments qui paraissent essentiels au contenu manifeste du rêve se révèlent secondaires dans les pensées du rêve. Le rêve est autrement centré et organisé que ne le sont les pensées du rêve. Ainsi, dans le rêve de la monographie botanique, la notion de botanique n'intervient que très secondairement et indirectement dans les pensées du rêve, de même que la barbe jaunâtre dans le rêve de l'oncle, alors qu'elles sont frappantes dans les images de ces deux rêves. De tels rêves donnent l'impression d'un déplacement (absent dans le rêve de l'injection faite à Irma).

Quand nous retrouvons les pensées du rêve, nous comprenons de manière immédiate quels sont les éléments essentiels, tandis que, lors de la formation du rêve, des éléments d'un intérêt intense peuvent être traités comme s'ils n'avaient qu'une faible valeur, tandis que d'autres, peu importants dans les pensées du rêve, prennent leur place. La surdétermination des éléments du rêve est en effet rendue possible et manifeste par la mise en place de ces éléments, qui, secondaires en eux-mêmes, assurent la liaison entre contenu manifeste et contenu latent et la pluralité des voies associatives.

Il y a donc transfert et déplacement des intensités psychiques des différents éléments. Le déplacement et la condensation sont les deux grandes opérations auxquelles nous devons la forme de nos rêves. Ce déplacement est l'un des procédés essentiels de la déformation, qui fait que le contenu manifeste du rêve ne ressemble plus au noyau des pensées du rêve. Il a donc lieu sous l'influence de la censure. Les éléments qui parviennent dans le rêve manifeste doivent donc avoir échappé à la censure.

Les procédés de figuration du rêve

Les pensées essentielles du rêve se présentent comme un complexe de pensées et de souvenirs assemblés d'une manière très compliquée, parfois issus de plusieurs noyaux mais toujours porteurs de connexions entre eux. Les relations logiques les plus variées peuvent relier ces pensées ; mais comment le rêve peut-il figurer ces liens logiques ? En fait, il laisse là ces conjonctions et ne travaille que sur les contenus ; c'est l'interprétation qui rétablit les liens logiques supprimés par le travail du rêve.

Le rêve forme un tout et présente les relations logiques par la simultanéité ; les relations de cause à effet peuvent se manifester par la simple succession entre un rêve prologue et un rêve principal : la partie la plus développée du rêve en porte le contenu essentiel, l'autre équivaut à une proposition subordonnée.

L'idée d'alternative (ou bien, ou bien) est trompeuse dans le rêve. Le plus souvent, il faut prendre ensemble les deux membres de l'alternative qui font tous deux partie du matériel du rêve. L'affiche dont Freud a rêvé la nuit qui précéda l'enterrement de son père porte ainsi une double inscription : *On est prié de fermer les yeux/un œil.* Outre l'idée de la mort (fermer les yeux), l'idée de fermer un œil était un appel à l'indulgence de la famille, dont certains membres étaient offusqués de ce que Freud ait choisi le cérémonial le plus simple, conformément à ce que pensait son père de telles cérémonies.

Le rêve n'exprime habituellement pas les catégories de l'opposition et de la contradiction ; il paraît ignorer le « non ». Ce fonctionnement caractérise ce que Freud nomme le processus primaire, qui est le mode de la pensée inconsciente, par opposition au processus secondaire du raisonnement logique. Les procédés du renversement et du contraste, néanmoins, reprennent l'expression de certains éléments de la négation ou de la contradiction. Le renversement peut aussi manifester l'action de la censure. Ne pas arriver à faire quelque chose dans un rêve est encore un autre moyen d'exprimer soit la négation, soit un conflit de volonté provoquant une inhibition.

La ressemblance, la correspondance et le contact sont au contraire favorisés par le rêve qui dispose de moyens innombrables pour les représenter. Formation composite et identification en sont deux modes essentiels. La figuration d'un fait commun à deux personnes dans un rêve invite à chercher entre elles un autre point commun que la censure a masqué par un déplacement.

L'intensité des pensées du rêve n'est pas conservée dans le rêve manifeste. Mais sont représentés de façon particulièrement intenses d'une part les éléments qui renvoient à l'accomplissement de désir, d'autre part ceux qui conduisent au plus grand nombre de suites d'idées. L'impression de netteté ou de confusion du rêve renvoie d'ailleurs le plus souvent à son contenu et fait partie du matériel ; de même, les hésitations ne sont pas des

« trous » accidentels, mais des éléments qui méritent eux-mêmes d'être interprétés.

Tous les rêves d'une même nuit appartiennent à un même ensemble. Leur division en plusieurs fragments, leur groupement et leur nombre sont significatifs et révélateurs des pensées du rêve. Quant au jugement interne au rêve « ce n'est qu'un rêve », il sert à diminuer la valeur de ce qui est rêvé et l'impression qui en restera. Ce qui est considéré comme seulement rêvé contient la trace du souvenir véritable, accompagné du souhait que le fait décrit comme rêvé ne se soit pas produit. C'est donc l'équivalent d'une affirmation très énergique.

La prise en considération de la figurabilité

Le matériel du rêve doit donc subir de multiples transformations pour la formation du rêve. Un procédé essentiel est une autre sorte de déplacement : une expression abstraite ou une idée des pensées du rêve fait place à une expression imagée et concrète. Cette nécessaire figurabilité des éléments du rêve manifeste (qui se présente sous la forme d'une image ou d'un scénario) entraîne l'apparence d'absurdité fantastique de nombreux rêves. Transformée en langage pictural, une pensée du rêve trouve aisément les contacts et les ressemblances dont elle a besoin.

La figuration par symboles en rêve

Freud a reconnu l'existence d'une symbolique du rêve (développée, mais intuitivement seulement, par son disciple Stekel). La symbolique est surabondante pour figurer le matériel sexuel. Elle se retrouve d'ailleurs dans les représentations collectives populaires : dans le folklore, les mythes, les légendes, les proverbes, les jeux de mots courants. Le rêve emploie cette symbolique pour une figuration déguisée des pensées latentes. Parmi les symboles employés, beaucoup ont toujours ou presque le même sens. Mais un objet symbolique peut aussi être pris dans son sens propre, et, parmi plusieurs symboles possibles, les choix s'effectuent selon des motivations individuelles en relation avec le reste du matériel du rêve. Le contexte seul, éclairé par les associations du rêveur, permet une interprétation exacte.

Ainsi, et avec ces réserves, empereur et impératrice ou roi et reine figurent le plus souvent les parents du rêveur. Tous les objets allongés (tronc d'arbre, parapluie, etc.), toutes les armes longues et aiguës (couteau, poignard, pique) représentent le membre viril. Les boîtes, coffrets, caisses, armoires représentent, comme les navires et les vases, le corps de la femme. Les chambres représentent en général des femmes, et il importe de savoir si elles sont ouvertes ou fermées. Sentiers escarpés, échelles, escaliers, descendre et monter symbolisent l'acte sexuel. Murs et façades symbolisent des hommes debout, tandis que les tables renvoient aux femmes. Cravates ou nez peuvent renvoyer aux organes génitaux, avec un déplacement du bas vers le haut. Freud examine d'autres symboles moins évidents ou moins avérés, analyse de plus près des rêves qui montrent le chapeau comme symbole des organes génitaux masculins ou la figuration de l'organe génital par l'expression « le petit », tandis que l'écrasement figure l'acte sexuel ; il évoque les représentations sexuelles liées aux bâtiments, aux sentiers et aux fosses, la symbolique urinaire, celle des rêves d'escalier, la figuration de la répétition, l'entrée dans un espace étroit, etc.

Tout cela permet de revenir aux rêves typiques, dont certains signifient toujours la même chose tandis que d'autres représentent des particularités individuelles. Les rêves de trains manqués rejoignent les rêves d'examen dans leur fonction consolatrice qui rassure contre l'angoisse de mort, car partir en voyage est souvent une expression symbolique de la mort. Les rêves de dents arrachées suscitent de la résistance à l'interprétation. Les rêves de natation sont fréquents chez ceux qui, enfants, ont mouillé leur lit. Dans les rêves d'incendie, l'eau ou l'urine éteignent le feu des excitations interdites.

Plus on s'occupe de rêves et plus il devient clair que la plupart des rêves des adultes ont trait à des faits sexuels; beaucoup d'entre eux se prêtent à une surdétermination et ont une signification bisexuelle, car ils réalisent aussi des tendances homosexuelles latentes. Les rêves d'une innocence frappante contiennent souvent des désirs érotiques grossiers. L'idée de déjà vu et l'insistance sur le fait d'avoir déjà été là renvoient fréquemment au seul lieu où nous sommes sûrs d'avoir déjà été : à l'intérieur du corps de notre mère.

Absurdités, calculs et discours dans le rêve

Freud examine certaines figurations étranges, étudie le rôle des nombres et des calculs dans les rêves, qui entrent eux aussi dans des chaînes associatives imprévues. Quant aux discours, ils ne sont jamais créés par le rêve, mais celui-ci forme un conglomérat de fragments d'origine diverse, ou encore traite les paroles comme restes diurnes.

L'absurdité dans le contenu du rêve n'est souvent qu'une apparence qui s'évanouit dès que l'on commence à comprendre le sens du rêve. C'est une situation fréquente pour les rêves qui ont trait au père mort : l'autorité paternelle a éveillé la critique de l'enfant qui repère assez tôt toutes les faiblesses de son père. Mais l'affection profonde est également présente et cette ambivalence suscite une censure particulièrement sévère. D'autres absurdités s'éclairent lorsque l'on parvient à rendre compte de la signification d'éléments du rêve sans chercher à leur reconnaître une cohérence logique directe avec les autres éléments manifestes.

Les affects dans le rêve

Dans la transposition du latent au manifeste, avec ses déplacements et substitutions, la qualité de l'affect demeure; il correspond au désir, non à son déguisement. La censure ne peut que le réprimer partiellement, donc l'atténuer, ou le mettre en rapport avec une représentation par contraste pour le déplacer. Divers exemples illustrent cette séparabilité de la représentation et de l'affect, ainsi que certains renforcements de l'affect. Freud analyse certains de ses propres rêves sous cet angle. La force pulsionnelle de l'affect s'y montre très liée aux désirs œdipiens.

L'élaboration secondaire

L'ultime facteur de formation du rêve est l'élaboration secondaire, qui vient rationaliser le rêve et en atténuer les éventuelles absurdités par des liaisons secondaires. Des scénarios tout faits, issus de rêveries diurnes ou de schémas narratifs préalables, s'offrent à ce lissage des apparences. La sélection du matériel du rêve devient ainsi acceptable pour la conscience.

En résumé, le travail du rêve, qui ne juge jamais, est donc une forme de pensée radicalement distincte de celle de la veille. Il vise à soustraire à la censure ce qui est rêvé, procède par déplacement des intensités psychiques et prend en compte leur figurabilité, procède à des condensations extrêmes mais modifie peu les affects, qui sont réprimés plutôt que refoulés.

La psychologie des processus du rêve (chapitre VII)

Le rêve de l'enfant qui brûle

Le dernier chapitre de *L'Interprétation des rêves*, en abordant la psychologie des processus du rêve, développe des aperçus fondamentaux sur la conception psychanalytique du psychisme. Il commence cependant de façon narrative par le récit d'un rêve saisissant. La patiente de Freud qui lui raconte ce rêve l'a entendu d'un conférencier, puis l'a rêvé à son tour tant l'histoire l'avait frappée.

Un père a veillé auprès de son enfant malade, mais celui-ci est mort. Tandis que l'enfant dans son cercueil est veillé par un vieillard, le père se repose dans la pièce à côté dont il a laissé la porte ouverte. Le père rêve alors que l'enfant est venu près de son lit, lui prend le bras et lui dit : « Père, ne vois-tu pas que je brûle ? » Le père se réveille, voit une vive lumière provenir de la chambre où est le corps de l'enfant. Le vieillard s'est assoupi, un cierge s'est renversé et a mis le feu au linceul, brûlant le bras du petit cadavre.

La lumière vive de l'incendie a donc provoqué le rêve, puis le réveil du père. Mais, dans le bref moment du rêve, le père accomplit son plus profond désir : que son enfant soit toujours vivant et puisse l'appeler à l'aide. Ce rêve ne pose aucun problème d'interprétation, mais il garde les caractères qui distinguent les rêves de la pensée éveillée. Il s'agit donc maintenant d'expliquer les rêves en tant que phénomène psychique : quelle est leur place et leur spécificité dans la vie psychique de chacun de nous ?

L'oubli des rêves

Mais, si chaque détail importe dans l'interprétation du rêve, l'oubli ne fausse-t-il pas le résultat ? Freud réfute longuement cette objection. Les rêves sont aussi peu oubliés que les autres actes psychiques, mais ils subissent tout particulièrement les effets du refoulement, puisque leur constitution même vise à éviter qu'ils ne soient trop aisément compréhensibles pour la conscience. La possibilité d'interpréter un rêve dépend du rapport des forces entre la résistance des forces psychiques qui ont déformé le rêve et le mouvement pulsionnel d'expression du désir jusque-là refoulé. Si le sommeil permet la formation des rêves, c'est parce que la censure s'y trouve affaiblie par rapport à l'état de veille.

Les rêves les mieux interprétés gardent d'ailleurs souvent un point obscur, l'ombilic du rêve, qui le rattache à l'Inconnu. Le rêve surgit comme un champignon au centre du réseau enchevêtré des associations qui se ramifient en tous sens. Et même les associations les plus superficielles nous renvoient aux relations essentielles.

La régression

Dans le rêve de l'enfant qui brûle, outre l'accomplissement de désir que n'aurait pas permis le réveil immédiat, le rêve figure une scène actuelle où l'enfant parle à son père, tandis que les pensées du rêve auraient été : je vois une vive lumière, un cierge est peut-être tombé qui a pris feu. La pensée, en trouvant les formes d'expression de la figurabilité, subit donc dans le rêve une régression formelle : non plus le raisonnement avec ses liens logiques, mais l'image avec ses effets de suggestion. De plus, le temps du rêve est le présent qui représente le souhait comme accompli. Le rêve se meut donc sur une autre scène que celle de la vie éveillée et nous fait comprendre l'existence d'un lieu psychique spécifique.

Freud propose à partir de ces réflexions une représentation de l'appareil psychique qui enregistre des inscriptions inconscientes en plusieurs systèmes successifs de traces, capables de permettre des associations par ressemblance quel que soit le moment où la perception a enregistré ces événements. La logique du rêve n'est pas plus celle de la chronologie que celle de la logique rationnelle, elle relève des inscriptions effectuées dans les systèmes inconscients (« traces mnésiques ») sur le mode de la contiguïté. Métaphore et métonymie sont donc les modalités propres des processus inconscients.

Le système formé par la perception et la conscience est au contraire dépourvu de mémoire, il est un organe d'enregistrement mais ne conserve pas les excitations. Le dernier des systèmes d'inscription, le plus proche de l'extrémité motrice (à l'opposé de la perception) forme le préconscient, susceptible de transmettre des informations et des représentations à la conscience. Pendant le jour, le chemin qui va des inscriptions inconscientes à la conscience est barré par la censure, tandis que le sommeil leur permet de se frayer une voie, par le préconscient, jusqu'à des représentations hallucinatoires (le rêve) dont le contenu, moyennant les déformations que nous avons étudiées, peut parvenir à la conscience.

La régression désigne le fait que, dans le rêve, la représentation et la pensée inconsciente retournent à l'image sensorielle dont elles sont initialement issues. En fait, la régression dans le rêve est triple : elle est formelle du fait du passage de la pensée à l'image hallucinatoire, qui se manifeste par des modes primitifs d'expression et de figuration ; elle est dite « topique », du fait du passage du lieu psychique de la conscience à celui des inscriptions inconscientes ; elle est enfin temporelle puisque de ce fait l'infantile est ravivé et que le rêve réutilise des formations psychiques antérieures.

L'accomplissement de désir et la fonction du rêve

À la lumière de cette compréhension du fonctionnement de l'appareil psychique, la thèse du rêve comme accomplissement de désir peut être précisée. Le désir conscient ou actuel ne suscite un rêve que s'il parvient à éveiller un autre désir, inconscient et lié à lui par quelque ressemblance, par lequel il se trouve fortifié. Par suite, le désir représenté dans le rêve est nécessairement infantile, car il vient des impressions psychiques profondes anciennement inscrites, des traces mnésiques ainsi ravivées. En comparaison, les restes diurnes sont d'importance secondaire.

Freud reprend alors la discussion des rêves qui semblent pourtant susciter du déplaisir, examinant notamment le paradoxe des rêves de châtiment.

Le processus primaire et le processus secondaire

Le rêve s'effectue instantanément, mais des restes diurnes qui ont activé des associations inconscientes l'ont préparé tout au long de la journée. Deux processus psychiques fondamentalement différents concourent donc à la formation des rêves. L'un crée des pensées de rêve, l'autre en dispose de façon étrange ; c'est ce dernier processus, le travail du rêve proprement dit, qui a été étudié au chapitre VI. Or des processus psychiques de même type commandent l'apparition et l'organisation des symptômes hystériques, qui relèvent eux aussi de condensations et de formations de compromis ne tenant pas compte des contradictions, et qui font eux aussi appel à la régression. Comme dans l'hystérie, cette élaboration psychique spécifique ne peut avoir lieu que lorsqu'a été transféré sur une pensée un désir inconscient d'origine infantile qui se trouve refoulé. Dans le rêve aussi, le désir formateur du rêve provient toujours de l'inconscient.

Les processus mis en œuvre dans le travail du rêve sont très analogues aux symptômes hystériques. Leur trait commun est de relever du mode de pensée caractéristique de l'inconscient (Freud l'étudiera en détail en 1915, dans l'essai métapsychologique intitulé *L'Inconscient*). Ce mode de pensée en processus primaires se distingue des processus secondaires, notamment logiques (relations logiques et principe de non-contradiction) qui caractérisent la pensée consciente et sa capacité de rationalité. Ces processus primaires apparaissent chaque fois que des représentations, abandonnées par l'investissement préconscient et laissées à elles-mêmes, se chargent de l'énergie libre de l'inconscient qui cherche à s'écouler. Décharge motrice ou reviviscence hallucinatoire (comme dans le rêve) sont alors les deux voies possibles pour cette énergie.

Les processus de la pensée secondaire (logique) ne se forment que peu à peu au cours de la vie. Dans un article de 1911, Freud montre comment ils sont liés à l'émergence d'un principe de réalité, qui vient compléter et relativiser le principe de plaisir qui avait jusque-là commandé la vie psychique et suscité les processus primaires.

Mais que dire du refoulement qui rend inconscient le désir infantile sous-jacent ? Le rêve montre que ce qui est refoulé persiste et subsiste non seulement chez le névrosé mais aussi chez tout homme. Le refoulement est donc ce que Freud appellera plus tard un mécanisme de défense du moi – c'est même le prototype et (à ce moment de l'œuvre) le terme général qui désigne toute défense. Dans la cure et dans l'interprétation des rêves, il se manifeste par l'expérience de la résistance. C'est l'action du refoulement qui suscite la censure et les déformations du rêve.

L'inconscient et la conscience

L'action du refoulement et l'existence de deux modes d'écoulement de l'excitation, qui sont aussi deux modes de pensée (primaire et secondaire) ont donc déterminé, si l'on peut dire, deux régions de l'appareil psychique (conscient et inconscient). Ce langage spatial définit des oppositions « topiques » (c'est-à-dire de lieu) et la première topique freudienne articule trois lieux psychiques : conscient/préconscient/inconscient.

« Pour bien comprendre la vie psychique, il est indispensable de cesser de surestimer la conscience. [...] **L'inconscient est le psychique lui-même et son essentielle réalité. Sa nature intime nous est aussi inconnue que la réalité du monde extérieur, et la conscience nous renseigne sur lui d'une manière aussi incomplète que nos organes des sens sur le monde extérieur** » (M, p. 520; c'est Freud qui souligne).

La notion d'inconscient éclaire les principaux problèmes du rêve; c'est la pensée inconsciente active pendant la veille qui accomplit les activités psychiques dont le résultat étonnant se manifeste lors du rêve et nous est accessible par le souvenir du rêve. Il faut distinguer deux sens au terme « inconscient ». Descriptif, il désigne tout ce qui n'est pas actuellement conscient – parce que, par exemple, nous pensons à autre chose –, et il englobe les choses que nous savons sans prendre le temps d'y penser, ou les souvenirs disponibles dans notre préconscient. Mais c'est seulement dans son second sens, dynamique, que le terme d'inconscient concerne la psychanalyse : il désigne tout ce qui est psychique, mais ne peut en aucun cas parvenir à la conscience; il se caractérise par le recours aux processus primaires (condensation, déplacement, absence de prise en compte de la contradiction, relations associatives de ressemblance, etc.), qui dans certains cas, et notamment par le souvenir de nos rêves, peut devenir conscient par la médiation du préconscient. Loin d'être toute-puissante comme on le croyait, la conscience (qui recouvrait et cachait tous les autres phénomènes) n'est donc qu'un « organe des sens » qui permet de percevoir des qualités psychiques.

Mais le surinvestissement produit par cet organe de perception du psychique qu'est la conscience, qui associe à des mots nos processus de pensée, crée une nouvelle qualité de phénomènes qui nous distinguent sans doute de l'animal. La conscience filtre les qualités de plaisir et de déplaisir qu'elle peut tolérer ; elle est donc en relation avec la censure. Les tendances inconscientes qui se révèlent dans nos rêves semblent donc être les véritables puissances de notre vie psychique. Mais, compte tenu de leurs déformations, on ne peut juger les rêves d'un point de vue moral sur leur contenu manifeste. Ramenés à leur signification exacte par l'interprétation, les désirs inconscients témoignent de la réalité psychique, forme d'existence particulière qu'il ne faut pas confondre avec la réalité matérielle, ni avec les actes effectivement accomplis par les hommes dans la réalité extérieure.

3. — Lecture thématique

L'oubli et le refoulement

L'oubli

Il est plusieurs fois question de l'oubli des rêves dans *L'Interprétation des rêves*, parce que le rêve ne nous est accessible consciemment qu'à partir du souvenir du rêve : pendant que nous rêvons, nous ne nous en rendons pas compte. Si le souvenir est ainsi le seul accès à un phénomène fondamental pour la compréhension du psychisme humain, l'oubli devient lui aussi important et significatif.

La connaissance du psychisme humain ne relève pas d'une maîtrise absolue ni du contrôle d'un phénomène exhaustivement exploré et totalement clair. Notre connaissance relève d'une interprétation et, de ce point de vue, l'oubli du rêve fait intrinsèquement partie du phénomène du rêve, puisque notre seul accès au rêve est un acte de mémoire – le plus souvent incomplet.

Le refoulement

Or, surtout dans le cas du rêve, les raisons de nos oublis sont affectives et ont généralement une fonction défensive. L'oubli du rêve ne peut être séparé de la prise en compte du rôle de la censure dans le rêve. L'oubli n'est pas d'abord un obstacle à la remémoration, mais la trace d'une censure renforcée, c'est-à-dire l'effet du refoulement.

L'oubli nous gêne pour connaître, mais nous protège de désagréments et de désillusions. Le refoulement établit une « barrière », jamais abolie ni complètement franchissable, entre les contenus de pensée inconscients et la pensée consciente. Les représentations inconscientes sont des forces, elles sont chargées d'affect et luttent pour se manifester. Le travail du rêve témoigne de la puissance du travail psychique mis en œuvre. L'oubli est lui aussi dynamique ; c'est une force qui s'oppose aux premières. La réalité psychique est caractérisée par le conflit entre forces opposées, qui produit la créativité du rêve ainsi que son étrangeté.

Remémoration et prise de conscience

La remémoration n'est donc pas l'activité paisible de celui qui fait simplement preuve d'attention et de patience. C'est la victoire d'une volonté de savoir, elle-même d'origine pulsionnelle, donc inconsciente, sur les forces défensives du refoulement et de l'oubli. L'interprétation des rêves, comme la cure analytique, est une lutte contre les résistances, et Freud emploie volontiers les métaphores de la conquête et de la bataille, à côté de celle des fouilles archéologiques.

La prise de conscience est en effet une remémoration accompagnée de compréhension du sens du rêve. La conscience coexiste habituellement avec le refoulement et la méconnaissance de soi. La prise de conscience révèle à soi-même quelque chose de soi que l'on ignorait – pire, que l'on ne voulait pas savoir. Le travail de vérité qui est celui de l'interprétation est donc dévoilement, mais aussi violence par rapport à la conscience antérieure de soi-même. L'interprétation ne va pas sans désillusion sur soi, mais propose en revanche une meilleure compréhension de soi.

La perception et l'hallucinatoire

Le rêve s'éprouve généralement comme si la scène qu'il présente était réelle, et il faut la critique de la pensée consciente pour assurer sa différence avec ce qui a été vécu. Le rêve est hallucinatoire ; l'hallucination n'est pas un phénomène pathologique en lui-même, sauf lorsque l'on ne peut plus sortir de la confusion entre image hallucinée et perception réelle.

La perception nous donne accès au monde extérieur ; la perception est immédiate, mais les traces des objets perçus (traces mnésiques) s'inscrivent dans notre psychisme sans contrôle conscient de ce qu'elles deviennent ni des associations dans lesquelles elles se trouvent engagées par contiguïté ou ressemblance. La réalité psychique se constitue ainsi en nous, indépendamment de la conscience, à partir des inscriptions en nous de perceptions anciennes (sans cesse remaniées par le travail psychique) et de leur tendance à s'actualiser dans une décharge de nature hallucinatoire dont le rêve est la meilleure expression.

Autrui

L'égoïsme des rêves

L'interprétation de nos rêves porte un rude coup à nos bons sentiments altruistes. Non seulement le rêve protège notre sommeil, mais c'est toujours la personne du rêveur qu'il met en scène de façon exclusive, directement ou par condensation avec d'autres personnages. Le rêve est fondamentalement narcissique, non seulement parce qu'il s'effectue pendant le repli sur soi du sommeil, mais aussi parce qu'il donne à voir au dormeur sa propre réalité psychique, dont il est toujours lui-même le centre d'intérêt essentiel.

Nos objets d'amour et de haine

Non qu'autrui soit absent de nos rêves. Car nos désirs ont des objets, et l'amour ou le désir sexuel, comme la rivalité, voire la haine, sont des candidats privilégiés au refoulement, tant nous avons de mal à assumer consciemment nos passions. D'ailleurs, aucun enfant ne peut se développer sans refouler les désirs de sa sexualité infantile prégénitale : son oralité, sa cruauté, son attirance pour les matières fécales, son narcissisme exacerbé qui se veut au centre du monde… L'apparition des désirs œdipiens (attirance pour le parent de sexe opposé, rivalité et hostilité envers le parent du même sexe) entraîne ensuite une exigence de refoulement plus complexe et plus radicale, marquée par l'interdit, l'angoisse et la culpabilité.

L'exigence du refoulement met nos objets d'amour et de haine au cœur de nos désirs inconscients, et les remaniements de la période œdipienne structurent les fantasmes fondamentaux de notre réalité psychique (notamment autour de fantasmes originaires universels, mis en œuvre dans l'histoire et le psychisme de chacun).

Les identifications

Mais le narcissisme du rêve a pour effet de renforcer plus encore la représentation d'autrui comme double de soi-même. Le rêve use de toutes les ressources de la métaphore et de la métonymie pour construire des identifications qui nous parlent de nous-mêmes à travers les personnages de nos rêves. Freud montre en détail, dans son analyse du rêve de la bouchère qui veut donner un dîner mais n'a plus que du saumon fumé (chapitre IV), le fonctionnement de l'identification hystérique : s'attribuer à soi-même une caractéristique de l'autre. Dans l'identification narcissique, plus massive, l'autre est dans toute sa personne un double de soi.

Le rêve, un objet d'échange intime et étranger

À la fois intime et étranger au rêveur qui ne comprend pas son rêve, le rêve est volontiers raconté à des proches en une communication excitante et parfois troublante, amusante ou occasion de confidence : même celui qui n'a pas souci d'interpréter ses rêves sait qu'ils livrent à l'interlocuteur quelque chose de lui-même qui a une valeur privilégiée. Qui craint trop cette ouverture sur les profondeurs intimes de lui-même ne sait plus qu'il rêve, et souvent oublie systématiquement ses rêves.

Le désir

L'homme, un être pulsionnel

Par sa mise en évidence des processus inconscients et du rêve comme accomplissement de désir, Freud prend position dans un débat classique : il ne définit pas l'homme par sa conscience, comme le faisait Descartes, mais par le désir. Les forces qui poussent le vivant à obtenir satisfaction ne sont pas chez l'homme, à la différence de l'animal, de simples instincts suscitant un comportement biologiquement prédéterminé, mais des forces capables de se transformer, de se psychiser : des pulsions. Issues du corps, situées à la limite entre le somatique et le psychisme, les pulsions sont l'exigence de travail imposée au psychisme : elles peuvent obtenir satisfaction, comme les instincts (mais jamais complètement), parce qu'elles ne sont pas de simples forces mais peuvent donner lieu à des représentations chargées d'affect; elles sont aussi amenées à changer d'objet ou de but, à être refoulées, renversées en leur contraire, réprimées, inhibées, ou encore spiritualisées et socialisées par la sublimation. *L'Interprétation des rêves* formule déjà, en décrivant les processus primaires, les fondements de la théorie des pulsions qui sera précisée en 1915.

Le rôle de la culture

Les travaux de Freud sur la culture et la civilisation montrent la répression pulsionnelle qu'elles impliquent et qui pousse les pulsions à se transformer. Dès 1900, Freud remarque d'ailleurs la ressemblance entre les productions culturelles, les contes et les mythes, et les rêves – notamment la symbolique mise en œuvre dans les rêves : les processus primaires, dans l'art, la littérature et les religions, sont utilisés par la pensée humaine consciente ; mais une part de leur force provient aussi des représentations de désirs inconscients qui y sont mis en œuvre.

Une compréhension dynamique et dialectique du psychisme humain

Cette définition dynamique du psychisme maintient clairement l'ancrage de l'homme dans l'animalité : celui-ci partage avec tous les êtres vivants le fait d'être animé par des forces instinctuelles. En même temps, loin de dévaloriser son activité psychique, elle en montre la puissance et la complexité, dont témoigne tout le travail du rêve, ainsi que bien d'autres productions humaines conscientes et maîtrisées.

Nos capacités de pensée objective et rationnelle, comme notre moralité, se dégagent progressivement (et jamais totalement) de nos représentations fantasmatiques dont la source est inconsciente. Chaque nuit, le rêve nous rappelle la permanence de nos désirs infantiles et de nos processus de pensée primaires, dont le fonctionnement est symbolique et n'obéit pas aux règles de la logique rationnelle. La vie psychique est donc fondamentalement hétérogène et conflictuelle.

Image, art et langage

L'image du rêve est l'effet d'une double causalité : la nécessité d'une figuration concrète des idées latentes, et les impératifs de déguisement du rêve du fait de la censure. La créativité du rêve, souvent reprise directement par l'élaboration consciente et maîtrisée des artistes, tient à cette prodigieuse puissance des associations inconscientes. En même temps, sauf lorsqu'il sert de matériau ou d'inspiration initiale à une œuvre d'art, le rêve existe socialement surtout comme phénomène de langage, à partir des récits de rêve.

Dans le rêve, image et langage sont intimement mêlés. Le rêve est une production hallucinatoire en images, mais c'est le langage et lui seul qui en donne l'intelligibilité. Le surinvestissement des représentations de mots est nécessaire au psychisme pour que les représentations de choses qui caractérisent la réalité psychique puissent accéder à la pensée consciente. D'ailleurs, le langage conscient, en particulier dans ses formes esthétiques, peut à son tour puiser dans les ressources des processus primaires pour faire de son expression un lieu de création psychique et d'élaboration spirituelle.

La logique

Freud met en évidence une logique onirique fondée sur la figurabilité et sur les lois du processus primaire (surtout le déplacement et la condensation, la métaphore et la métonymie). Il ne s'ensuit pas une dévalorisation de la logique, pas plus que le fait que le rêve ne puisse exprimer tous les liens logiques n'est une dévalorisation du rêve. L'analyse freudienne des impuissances du rêve à exprimer toute la précision des liens logiques permet par comparaison de réfléchir à l'apport de la logique dans les formes de pensée rationnelle et dans la valeur de vérité de nos raisonnements.

Les formes d'activité psychique sont hétérogènes, et la puissance de la logique est de permettre la construction d'une pensée qui tente d'objectiver son propos et qui puisse prendre en compte les représentations déplaisantes, sans les refouler ni les réprimer. Autrement dit, logique du désir et logique rationnelle coexistent dans notre vie psychique, et parfois se combattent.

L'illusion

L'illusion est présente sous bien des formes dans le rêve : illusion de réalité de l'image onirique, illusion sur le thème du rêve du fait de sa déformation, illusions multiples liées aux déplacements d'intensité sur les éléments secondaires ou insignifiants, illusion de l'absurdité ou de l'insignifiance d'un rêve, etc.

L'illusion est inévitable. Elle est liée, en effet, au caractère indestructible de nos désirs. L'inconscient ne connaît ni le passé ni l'impossible. Il ne fait que répéter, pour peu qu'une stimulation telle qu'un reste diurne suscite un surinvestissement et réactualise la possibilité d'une décharge de l'excitation (par les images du rêve ou autrement). L'illusion est liée à l'infantile, elle précède la mise en place d'un principe de réalité et n'obéit qu'au principe de plaisir. Or tout rêve est une réactualisation de l'infantile, et c'est pour cela qu'il a la capacité d'être source de satisfaction.

Le rêve comme expérience d'accomplissement hallucinatoire de désir témoigne de la place inévitable de l'illusion dans notre expérience subjective. Mais l'interprétation du rêve témoigne de notre capacité d'objectivation, y compris par rapport à nos illusions. Processus primaire et processus secondaire coexistent et peuvent s'articuler.

La relativisation de la conscience

La fin de l'œuvre témoigne de la claire conscience qu'a Freud de proposer une nouvelle conception du psychisme qui déloge la conscience de sa suprématie.

La compréhension des rêves ne vient pas seulement éclairer une forme de pensée parmi d'autres. Elle amène Freud à repenser l'ensemble des rapports entre le psychisme et la pensée, entre le rêve et la veille. Elle permet une formalisation de notre fonctionnement mental, que Freud propose par l'intermédiaire d'un schéma de l'appareil psychique, susceptible d'enregistrer les traces d'expérience sous une forme inconsciente.

III

FREUD, LA PHILOSOPHIE ET LA PSYCHANALYSE

La *Traumdeutung* paraît en 1900. Son titre français est *L'Interprétation des rêves*, depuis la traduction d'I. Meyerson, même si l'allemand supporterait, voire privilégierait, la traduction au singulier, *L'Interprétation du rêve* – titre préféré par certains commentateurs comme Jean-Pierre Castel et qui permet de mieux dégager comment Freud a conceptualisé le rêve en même temps que décrit la formation des rêves et indiqué la méthode de leur interprétation.

1. — Après *L'Interprétation des rêves*

Sur le rêve et autres explicitations

La *Traumdeutung*, qui a coûté à Freud quatre ans de travail, n'est pas sa seule étude sur le rêve. Il y revient à plusieurs reprises, parfois pour expliciter sa pensée, parfois pour des compléments ou des révisions. Les différentes éditions de *L'Interprétation des rêves* portent aussi des notes et des ajouts. Dans *Sur le rêve* (fin 1900), quasi contemporain de l'ouvrage précédent, Freud pose les problèmes du rêve, clarifiant son point de vue sur la place du symbolisme dans les rêves, à partir de l'élucidation du « rêve de la table d'hôte », qui le conduit à des associations autour des questions d'argent : être intéressé ou désintéressé. Il note :

> La transformation des pensées latentes du rêve en contenu manifeste du rêve mérite notre pleine attention ; elle est en effet le premier exemple connu de nous de la transposition d'un matériel psychique passant d'un mode d'expression à l'autre, d'un mode d'expression qui nous est immédiatement compréhensible à un autre, à la compréhension duquel nous ne pouvons parvenir qu'à l'aide d'efforts bien dirigés, bien que nous devions le reconnaître, lui aussi, comme une opération de notre activité psychique.

Sigmund FREUD, *Sur le rêve*,
Gallimard, coll. « Folio Essais », 1988, p. 63-64.

Les conférences prononcées à la Clark University, aux États-Unis, en 1904 et publiées en 1909 (*Cinq leçons sur la psychanalyse*) consacrent un exposé au rêve. Il y est affirmé avec force que « le rêve est la voie royale qui mène à l'inconscient ». Bien plus tard, l'*Introduction à la psychanalyse* (1917) donne une étude détaillée du rêve qui développe notamment les exemples de rêves enfantins, et répond aux critiques.

Centré sur le seul fonctionnement des rêves, sur leur « machinerie », le « Complément métapsychologique à la théorie du rêve » (1915) ajuste l'interprétation aux découvertes et réflexions plus récentes de Freud. Il s'agit de tenir compte dans la théorie du rêve de l'apport du narcissisme et des élaborations métapsychologiques sur les pulsions et sur le fonctionnement de l'inconscient. Freud y insiste sur le caractère narcissique du sommeil et sur la régression à la satisfaction hallucinatoire. Il réaffirme avec force la signification sexuelle des rêves du fait d'un conflit né en 1912 avec son disciple Jung, contre des interprétations pédagogiques ou spirituelles du rêve.

Après 1920

Trois articles reviennent sur le rêve entre 1923 et 1925. L'un examine les problèmes posés par la télépathie et les compare aux enjeux du rêve, pour souligner la différence ; dans un autre, Freud rappelle et souligne ses réflexions sur la déformation du rêve et la censure, à partir des problèmes posés par le « caractère étrange, embrouillé, insensé de tant de rêves ». L'article « Quelques additifs à l'ensemble de l'interprétation des rêves » (1925), enfin, approfondit certains aspects : les limites de l'interprétable, la responsabilité morale par rapport au contenu du rêve, et la question des rêves prophétiques ou prémonitoires.

Parmi les *Nouvelles Conférences* (1933), la première révise la théorie du rêve et précise concrètement la technique interprétative que Freud met en œuvre avec ses patients. Le deuxième texte du recueil (30e conférence) est consacré au rêve dans ses rapports et ses différences avec l'occultisme : ce qui intéresse désormais Freud, c'est sa compréhension théorique d'ensemble du fonctionnement psychique. Il précise aussi que sa compréhension des rêves n'est pas un argument en faveur de l'occultisme.

2. — Subversion de la compréhension philosophique du sujet ?

Il s'agit maintenant de faire entrer la pensée freudienne sur le rêve en débat avec l'histoire de la philosophie et avec d'autres disciplines.

La non-transparence du sujet à lui-même

En posant l'existence de pensées inconscientes, ainsi que le travestissement des pensées du rêve par le contenu manifeste, Freud conteste l'héritage cartésien. Descartes, par la mise en évidence du *Cogito* (« Je pense donc je suis »), établit une vérité première indubitable : la certitude de notre existence. Comme c'est la pensée qui nous autorise cette première assurance sur nous-mêmes, il en déduit que nous sommes une « chose qui pense » et un être capable de se connaître. Pour lui, pensée et conscience sont coextensives, il n'est pas de pensée inconsciente ni de méconnaissance fondamentale de soi.

> Je connus de là que j'étais une substance dont toute l'essence ou la nature n'est que de penser, et qui, pour être, n'a besoin d'aucun lieu, ni ne dépend d'aucune chose matérielle. En sorte que ce moi, c'est-à-dire l'âme, par laquelle je suis ce que je suis, est entièrement distincte du corps, et même qu'elle est plus aisée à connaître que lui.

René DESCARTES, *Discours de la méthode* (1637), IVe partie, Gallimard, « Bibliothèque de la Pléiade », 1952, p. 147-148.

Descartes s'est cependant posé le problème du rêve, mais surtout comme une indication de nos illusions possibles : nous ne pouvons pas prendre appui sur nos sens puisque, en rêve, nous pouvons croire marcher sans que ce soit effectif. Le rêve est donc un argument contre une pensée empiriste qui prendrait appui sur des évidences venues des sens. Ce qui est trompeur dans le rêve, c'est l'hallucination sensorielle qu'il constitue. En revanche, Descartes lui-même fait une succession de trois rêves saisissants lorsqu'il a l'intuition du *Cogito*. S'intéressant à eux, il est davantage frappé de la continuité entre ses préoccupations de la veille et celles qui, sous l'habillage impressionnant des rêves, se poursuivent pendant la nuit : la pensée reste fiable.

L'existence d'une pensée inconsciente

Freud n'est pas le premier à formuler l'hypothèse de pensées qui échappent à notre conscience vigile. Il est classique de voir dans les « petites perceptions » de Leibniz l'intuition d'un champ psychique bien plus large que celui de la pensée consciente d'elle-même :

> – Il n'est pas aisé de concevoir qu'une chose puisse penser et ne pas sentir qu'elle pense.
>
> – [...] Il faut considérer que nous pensons à quantité de choses à la fois, mais nous ne prenons garde qu'aux pensées qui sont les plus distinguées : et la chose ne saurait aller autrement, car, si nous prenions garde à tout, il faudrait penser avec attention à une infinité de choses en même temps, que nous sentons toutes et qui font impression sur nos sens. Je dis bien plus ; il reste quelque chose de toutes nos pensées passées, et aucune n'en saurait jamais être effacée entièrement.

Gottfried Wilhelm LEIBNIZ, *Nouveaux Essais sur l'entendement humain* (1703), II, chap. Ier, Garnier, 1966, p. 95-96.

Toutes les élaborations de Freud sont délibérément rationalistes, mais il est en même temps un critique rigoureux de la philosophie rationaliste classique, par sa mise en évidence du principe de plaisir et des mécanismes de défense (comme la censure du rêve et le refoulement), ainsi que par son insistance sur les pulsions et leur ancrage dans l'expérience du corps.

De peur de rencontrer son double, Freud a répugné à lire Nietzsche, qui conteste toutes les évidences classiques : il a bien conscience de retrouver par une autre voie ses mises en doute par rapport à une humanité qui croit pouvoir se définir à partir de la raison et de la conscience, comme si elle cherchait toujours d'abord la vérité, oubliant son animalité et sa quête première de plaisir. Freud et Nietzsche se rejoignent aussi en reconnaissant la complexité des fonctionnements psychiques de l'homme, bien plus hétérogènes que nous ne le pensons en général :

> La volonté m'apparaît avant tout comme une chose complexe, une chose qui n'a d'unité que son nom [...] Dans toute volonté il y a d'abord une pluralité de sentiments, le sentiment de l'état dont on veut sortir, celui de l'état où l'on tend, le sens de ces directions elles-mêmes, « à partir d'ici », « pour aller là-bas », enfin une sensation musculaire accessoire qui, même sans que nous remuions bras ni jambes, entre en jeu comme machinalement sitôt que nous nous mettons à « vouloir ».

Friedrich NIETZSCHE, *Par-delà le bien et le mal* (1886), I, § 19, Aubier-Montaigne, coll. « 10-18 », 1951.

Néanmoins, Freud se distingue radicalement de ses prédécesseurs, y compris Nietzsche, dans la mesure où ceux-ci n'ont pu voir le lien décisif entre la permanence de l'infantile et la vie inconsciente. Le complexe d'Œdipe et l'ensemble de la sexualité infantile sont des apports de la psychanalyse qui ne relèvent pas de la pure pensée philosophique mais des découvertes rendues possibles par la thérapeutique des névroses. C'est comme psychanalyste, en élaborant une « science humaine », que Freud établit l'existence de pensées inconscientes et leurs lois propres.

L'homme comme être de désir

Freud ne définit pas l'homme par sa conscience, comme Descartes, mais par le désir, comme Spinoza : tout ce qui existe cherche à persévérer dans son être.

L'appétit, comme disait Spinoza – qui devient désir quand il est intentionnel, donc psychique (ce qui, au XVIIe siècle, restait identique à « conscient ») –, définit les êtres de façon dynamique, tandis que la définition de l'homme par la conscience insiste exclusivement sur sa différence d'avec l'animal et privilégie les contenus intellectuels coupés de leurs racines instinctuelles :

> Quand nous nous efforçons à une chose, quand nous la voulons, ou aspirons à elle, ou la désirons, ce n'est jamais parce que nous jugeons qu'elle est bonne ; mais au contraire, si nous jugeons qu'une chose est bonne, c'est précisément parce que nous nous y efforçons, nous la voulons, ou aspirons à elle, ou la désirons.

Baruch de SPINOZA, *Éthique*, III, théorèmes VI, VII et scolie du théorème IX, édition bilingue, Éd. du Seuil, coll. « Points Essais », 1999, p. 217-221.

Questions sur le libre arbitre

Admettre l'existence de pensées inconscientes, c'est susciter la question de notre responsabilité morale par rapport à nos rêves, mais aussi reconnaître que la volonté, même à l'état de veille, peut être entravée par des symptômes, sortes de corps étrangers défensifs dans notre psychisme ; même dans ses déterminations conscientes, le psychisme est infiltré de motions pulsionnelles, d'éléments qui agissent en lui sans son consentement.

Or l'existentialisme insiste sur le caractère absolu de la liberté, qui fait que l'homme existe d'abord, et ne se définit qu'après : il devient ce qu'il se fait, par des actes dont il porte l'entière responsabilité et qui ont une dimension d'universalité, engageant toute l'humanité. La radicalité de notre responsabilité s'accompagne d'une angoisse fondamentale liée à l'exercice de notre liberté. Reconnaître l'existence de processus inconscients serait affaiblir cette responsabilité, excuser les comportements semi-conscients de mauvaise foi. Sartre, continuateur direct du libre arbitre cartésien, récuse donc résolument les positions freudiennes :

> En un mot, comment la censure discernerait-elle les impulsions refoulables sans avoir conscience de les discerner ? Peut-on concevoir un savoir qui serait ignorance de soi ? [...] D'autre part, il existe une infinité de conduites de mauvaise foi qui repoussent explicitement ce type d'explication, parce que leur essence implique qu'elles ne peuvent apparaître que dans la translucidité de la conscience.
>
> Jean-Paul SARTRE, *L'Être et le Néant*, Ire partie, chap. II, Gallimard, coll. « Tel », 1980, p. 84-90.

La réflexion philosophique sur la psychanalyse (Paul Ricœur)

Une herméneutique

Comme philosophe soucieux de philosophie réflexive, articulant phénoménologie et herméneutique, Paul Ricœur ne peut qu'être intéressé par le projet herméneutique de la psychanalyse. Peut-on considérer qu'elle soit une « science » de l'interprétation ? Quelle est la position d'une herméneutique philosophique par rapport à elle ?

Un énergétisme ?

Ricœur accepte ce que la psychanalyse dit d'elle-même, mais il est plus réticent devant la place faite en psychanalyse à l'ancrage dans les processus corporels dont les pulsions dérivent. Aujourd'hui, d'ailleurs, le psychanalyste Jean Laplanche tente une réinterprétation plus relationnelle que pulsionnelle (*Nouveaux Fondements pour la psychanalyse*, 1987 ; et *Le Primat de l'autre en psychanalyse*, 1997).

Ricœur, dans une étude magistrale, *De l'interprétation*, examine l'énergétisme freudien en soulignant le langage composite que requiert la psychanalyse :

> Dans l'idée de censure, les deux systèmes de langage sont si étroitement mêlés qu'il faut dire tour à tour que la censure n'altère un texte que lorsqu'elle réprime une force et qu'elle ne réprime une force interdite qu'en perturbant son expression.

Paul Ricœur, *De l'interprétation*,
Éd. du Seuil, 1965, p. 100-101.

Ricœur souligne l'articulation entre force et sens dans les procédés du travail du rêve et dans la question de la pulsion et de ses représentants. Il est très sensible aux réflexions de Freud sur la nécessité et à la place prise dans la pensée freudienne par les figurations mythologiques de deux grands principes de l'existence, *Éros* (l'amour et la libido) et *Anankè* (la nécessité). Par ailleurs, Ricœur a souci de récuser la critique freudienne de la religion et discute avec beaucoup d'attention les conséquences de la pensée psychanalytique sur nos conceptions morales.

La question du symbole

Le symbolisme des rêves est un autre domaine auquel Ricœur porte une attention soutenue. Pour lui, la réflexion sur le symbole est essentielle : « Le symbole donne à penser. » Il juge que la psychanalyse n'accorde qu'une place trop limitée à la pensée symbolique. Elle n'est pas une composante à part entière du travail du rêve, mais la reprise de motifs symboliques préexistants, ce qui empêche l'herméneutique freudienne d'être une « herméneutique du symbole en tant que langage du désir ». La psychanalyse post-freudienne, qui s'est penchée sur les conditions nécessaires à la symbolisation, condition de toute représentation psychique effective et donc de toute pensée, a pour une part repris à son compte l'exigence ainsi mise en évidence par Ricœur. Par ailleurs, Lacan réinterprète la notion même de symbole dans sa conception complexe de l'ordre symbolique.

Le conflit des interprétations

Il faudrait situer la psychanalyse au sein du « conflit des interprétations » (selon l'expression de Ricœur qui en fait le titre d'un recueil d'articles), propre à la pensée moderne : conflit d'interprétations entre christianisme, marxisme, libéralisme, rationalisme, psychanalyse, structuralisme, phénoménologie, scientisme, etc. La pensée contemporaine ne peut faire l'économie d'une herméneutique, herméneutique au second degré relevant nécessairement de la philosophie : en interprétant les enjeux des différentes options possibles pour l'interprétation de l'existence humaine, elle propose des critères de discernement, veille à ce que la question de la subjectivité ne soit pas étouffée par les diverses objectivations, et restitue à chaque orientation sa perspective propre, pour en montrer la fécondité mais aussi les points aveugles.

Une pratique

Mais la psychanalyse n'est pas une théorie parmi d'autres, c'est une pratique thérapeutique, source d'une méthode spécifique. Freud la définit ainsi :

> Psychanalyse est le nom : 1° d'un procédé d'investigation des processus psychiques, qui autrement seraient à peine accessibles ; 2° d'une méthode de traitement des troubles névrotiques, qui se fonde sur cette investigation ; 3° d'une série de conceptions psychologiques acquises par ce moyen et qui fusionnent progressivement en une discipline scientifique nouvelle.
>
> Sigmund Freud, art. « Psychanalyse », dans le *Handwörterbuch der Sexualwissenschaften* (1922).

De ce point de vue, la psychanalyse est nécessairement irréductible à une herméneutique philosophique, et ne saurait en aucun cas tenir lieu d'anthropologie générale. Cependant, son apport à l'anthropologie et à la philosophie est incontestable – ainsi, sur la richesse et la complexité de notre rapport au temps qui ne se réduit jamais à une chronologie. C'est ce Freud mettait en évidence en soulignant à propos du rêve la permanence de l'infantile et le rôle de la régression dans nos rêves, ainsi que l'importance des processus de répétition, et qui est aujourd'hui poursuivi et précisé dans de nombreuses études, notamment celle d'André Green, *Le Temps éclaté* (2000).

3. — Une « science humaine »

« Nul n'a idée que le rêve n'est pas un non-sens mais un accomplissement de désir », écrit Freud à Fliess le 16 mai 1897. L'étude du rêve est donc une découverte freudienne, et nous révèle sur nos propres fonctionnements mentaux un savoir jusque-là ignoré. Même si la psychanalyse ne satisfait pas à toutes les conditions posées par Popper (*cf. La Logique de la découverte scientifique*) pour être une science à la manière des sciences expérimentales de la nature, elle prétend bien à des découvertes en déterminant son objet – le rêve, la névrose, c'est-à-dire l'effet des processus inconscients –, ses méthodes – notamment le dispositif de la cure –, et sa théorisation métapsychologique. Cependant, Freud précise que les concepts théoriques sont des adjuvants nécessaires mais provisoires, des échafaudages auxquels il faut savoir renoncer, le cas échéant, pour une meilleure représentation des phénomènes étudiés.

L'hypothèse de l'inconscient

La pensée freudienne s'est voulue naturaliste, relevant de la science et non de la philosophie même si elle écarte provisoirement le point de vue physiologique; elle veut parvenir à une « psychologie scientifique ». L'hypothèse de l'inconscient s'impose à Freud comme seule façon de rendre compte à la fois du caractère lacunaire de la conscience, et des processus psychiques qui sont actifs malgré leur caractère inconscient (rêve, acte manqué, symptôme).

> Il se produit fréquemment des actes psychiques qui, pour être expliqués, présupposent d'autres actes qui, eux, ne bénéficient pas du témoignage de la conscience. Ces actes ne sont pas seulement les actes manqués et les rêves, chez l'homme sain, et tout ce que l'on appelle symptômes psychiques et phénomènes compulsionnels chez le malade; notre expérience quotidienne la plus personnelle nous met en présence d'idées qui nous viennent sans que nous en connaissions l'origine, et de résultats de pensée dont l'élaboration nous est demeurée cachée. Tous ces actes conscients demeurent incohérents et incompréhensibles si nous nous obstinons à prétendre qu'il faut bien percevoir par la conscience tout ce qui se passe en nous

en fait d'actes psychiques ; mais ils s'ordonnent dans un ensemble dont on peut montrer la cohérence, si nous interpolons les actes inconscients inférés.

Sigmund Freud, « L'inconscient », *Métapsychologie* (1915), Gallimard, coll. « Folio Essais », p. 66-67.

Mais Freud ne se contente pas de poser l'existence de processus psychiques inconscients, il élabore leurs caractéristiques, notamment à partir de l'étude du travail du rêve. Il décrit en 1915 les caractéristiques du système inconscient :

Résumons-nous : **absence de contradiction**, **processus primaire** (mobilité des investissements), **intemporalité** et **substitution à la réalité extérieure de la réalité psychique**, tels sont les caractères que nous devons nous attendre à trouver aux processus appartenant au système Ics.

Sigmund Freud, « L'inconscient », *Métapsychologie*, p. 95-97.

L'épistémologie freudienne

L'épistémologie freudienne est marquée par la conception des sciences de la nature, rationaliste et empiriste, voire scientiste, qui prévaut à la fin du XIXe siècle. Il part donc d'un état de la question du rêve, décortique pas à pas les formations repérables dans le travail du rêve et discute toutes les objections : même et surtout si l'objet de son travail fait place aux processus primaires qui relèvent d'associations inconscientes d'origine affective, le mode d'étude doit être neutre, objectif et rationnel.

Peu à peu, Freud précise que cette psychologie des profondeurs requise par l'inconscient est en fait une « métapsychologie », et requiert à ce titre des spéculations qui aident à se représenter les processus découverts : ce seront des concepts tels que ceux d'appareil psychique, de pulsion, de points de vue topique, dynamique et économique, plus tard de pulsion de mort. Les rapports entre mythes, culture et inconscient amèneront même à construire un mythe originaire, présenté dans *Totem et tabou* (1913) : représentation non observable, mais postulée aux origines de l'humanité, et qui éclaire aussi bien la clinique que la culture. Nous dirions aujourd'hui qu'il s'agit d'un modèle structural, mais Freud, dans son souci scientiste d'inscrire ses découvertes dans la réalité, lui confère le statut d'origine historique.

Freud garde toujours en tête les modèles physiques et biologiques, parfois à titre de métaphores, parfois directement (ainsi, le principe de Fechner sur la constance de la force). Mais à côté des facteurs de force, donc des points de vue dynamique et économique dans le fonctionnement psychique, Freud pose des principes proprement psychiques, tels le principe de plaisir et le principe de réalité. Qualité et quantité caractérisent ensemble les processus psychiques.

Le pathologique, révélateur de l'universel

La pensée freudienne a bouleversé les frontières entre phénomènes normaux et phénomènes pathologiques. Rêves et symptômes utilisent non seulement les mêmes matériaux psychiques, mais aussi les mêmes procédés, les processus de pensée primaires, dont on retrouve la trace dans les mythes et les contes. C'est le traitement des hystériques qui conduit Freud à reconnaître les caractères universels du rêve : la maladie et son traitement sont le microscope qui permet de voir ce qui est habituellement négligé. Mais c'est par les hypothèses sur l'appareil psychique et ses fonctionnements que l'on peut élaborer les interprétations qui provoquent un changement dans le fonctionnement psychique, permettant la résolution de symptômes et l'amélioration du fonctionnement mental : c'est donc pour des raisons thérapeutiques et en fonction des questions posées par l'expérience clinique que s'élaborent les modèles de fonctionnement psychique.

Nul ne peut se prétendre à l'abri de phénomènes pathologiques ; il est une psychopathologie de la vie quotidienne (lapsus, actes manqués), et l'activité de l'infantile en nous peut se manifester sous des formes saines comme le rêve, ou pathologiques lorsque les conditions économiques et dynamiques de notre fonctionnement psychique rencontrent des impasses. Surtout, le fonctionnement psychique le plus sain repose sur le conflit. À partir des années 1920, la pensée freudienne radicalise cette idée que la santé psychique n'est qu'un fragile équilibre entre forces opposées. Or, les ambiguïtés de la conception du normal ont été mises en évidence par l'un des grands épistémologues de la biologie, G. Canguilhem, qui caractérise la santé et la maladie comme expériences :

> Le vivant [...] vit parmi un monde d'accidents possibles. Rien n'est par hasard, mais tout arrive sous forme d'événements. [...] La science explique l'expérience, mais elle ne l'annule pas pour autant. [...] Être en bonne santé c'est pouvoir tomber malade et s'en relever, c'est un luxe biologique.

Georges CANGUILHEM, *Le Normal et le Pathologique* (1943), PUF, coll. « Quadrige », 1972, p. 130-132.

Canguilhem note que la maladie est une réduction des possibilités du vivant et de sa capacité à faire face aux aléas d'un milieu. Ainsi, il montre la norme interne qui anime et finalise les processus du vivant, mais aussi l'indétermination fondamentale entre normal et pathologique.

> L'organisme sain cherche moins à se maintenir dans son état et son milieu présents qu'à réaliser sa nature. Or cela exige que l'organisme, en affrontant des risques, accepte l'éventualité de réactions catastrophiques. L'homme sain ne se dérobe pas devant les problèmes que lui posent les bouleversements parfois subits de ses habitudes, même physiologiquement parlant ; il mesure sa santé à sa capacité de surmonter les crises organiques pour instaurer un nouvel ordre.
>
> Georges CANGUILHEM, *Le Normal et le Pathologique*, p. 130-132.

Rêve et création

Le rêve crée des formes, élabore des scénarios, fait des mots d'esprit : sa créativité est incontestable, son inventivité étonnante. Il utilise des détails infimes de la vie quotidienne, des restes diurnes d'importance inégale et de nature hétérogène. Si la compréhension selon Bachelard de l'imagination est exacte – non pas création d'images, mais combinaison et foisonnement d'images issues de la perception –, alors le rêve en est, avec le fantasme, la source essentielle. Freud a montré comment cela se révèle possible : inscriptions inconscientes, activité de l'infantile, pensée en processus primaires.

> On veut toujours que l'imagination soit la faculté de former des images. Or elle est plutôt la faculté de déformer les images fournies par la perception, elle est surtout la faculté de nous libérer des images premières, de changer les images. [...] Si une image présente ne fait

pas penser à une image absente, si une image occasionnelle ne détermine pas une prodigalité d'images aberrantes, une explosion d'images, il n'y a pas imagination. [...] Grâce à l'imaginaire, l'imagination est essentiellement ouverte, évasive. Elle est dans le psychisme humain l'expérience même de l'ouverture, l'expérience même de la nouveauté.

Gaston BACHELARD, *L'Air et les Songes* (1943),
Éd. José Corti, p. 7-8.

Les poètes n'ont pas attendu Freud pour mettre en évidence la force du monde du rêve et son action dans leurs créations. Gérard de Nerval commence le récit de l'épisode délirant qu'il vient de vivre par une formulation saisissante : « Le rêve est une seconde vie. Je n'ai pu percer sans frémir ces portes d'ivoire ou de corne qui nous séparent du monde invisible » (incipit d'*Aurélia*). Rimbaud ne se livre pas seulement au dérèglement de tous les sens, il est le « cuivre qui s'éveille clairon », celui qui découvre que « Je est un Autre » et se livre aux *Illuminations*... On sait que les surréalistes se sont passionnés pour les intuitions et les découvertes freudiennes. Bien plus que les psychiatres, ils ont contribué à introduire en France les idées freudiennes. Ils veulent utiliser en littérature les possibilités insoupçonnées des processus primaires, et pratiquent à cette fin l'écriture automatique et le rêve éveillé. Pour répondre aux critiques, André Breton, leur chef de file, qui définit l'homme comme un « rêveur définitif » au début du premier *Manifeste du surréalisme*, où il fait l'éloge de l'étude freudienne du rêve, évoque ainsi sa perspective :

Le surréalisme repose sur la croyance à la réalité supérieure de certaines formes d'associations négligées jusqu'à lui, à la toute-puissance du rêve, au jeu désintéressé de la pensée. Il tend à ruiner définitivement tous les autres mécanismes psychiques et à se substituer à eux dans la résolution des principaux problèmes de la vie.

André BRETON, *Manifeste du surréalisme* (1924), Gallimard, coll. « Idées », p. 37-38.

André Breton a tenté de rencontrer Freud, mais celui-ci n'admet pas ces tentatives de mêler l'art et la pathologie, d'exprimer à l'état brut les formations issues de l'inconscient. Pour Freud, s'il est vrai que l'artiste est plus qu'un autre en relation active avec ses processus primaires, et si l'art nous captive parce que nous y reconnaissons nos désirs inconscients, l'essence de l'art est aussi dans la mise en forme, et implique la prime de plaisir que donne l'élaboration maîtrisée du style ou de la forme.

Le « retour à Freud » et la lecture structurale de Jacques Lacan

La lecture de Freud qui sous-tend la réinterprétation de Jacques Lacan dans son « retour à Freud » est très marquée par les textes des années 1900-1905 sur l'interprétation des rêves, la formation du mot d'esprit, les actes manqués et les lapsus (*cf.* le séminaire sur les « formations de l'inconscient »). C'est la réflexion freudienne sur les processus primaires qui inspire la compréhension, réinterprétée à la lumière de la linguistique, du rôle du signifiant et des fonctionnements métaphoriques et métonymiques. Le sujet est sujet de l'inconscient, et non plus sujet conscient et maître de lui-même. Il est fondamentalement divisé, barré. Le sujet de l'inconscient se manifeste sur le mode du dévoilement et de la surprise, on dit autre chose et plus que ce que l'on croyait penser.

Ce jeu signifiant de la métonymie et de la métaphore [...] se joue [...] dans son inexorable finesse, là où je ne suis pas parce que je ne peux pas m'y situer. [...] Ce qu'il faut dire, c'est : je ne suis pas, là où je suis le jouet de ma pensée ; je pense à ce que je suis, là où je pense ne pas penser. [...] Ce qui pense ainsi à ma place est-il un autre moi ?

[...] Quel est donc cet autre à qui je suis plus attaché qu'à moi, puisqu'au sein le plus assenti de mon identité à moi-même, c'est lui qui m'agite ?

Jacques Lacan, « L'instance de la lettre dans l'inconscient », *Écrits*, Éd. du Seuil, 1966 ; citations des p. 504-525.

L'étude du rêve depuis Freud

Une dernière voie largement explorée depuis Freud est l'étude de la physiologie du rêve et de ses rapports avec le sommeil. Chez les neurobiologistes, l'idée prévaut souvent que seuls les phénomènes observables, au moins indirectement, seuls les phénomènes physiques en tout cas, ont une réalité scientifique et sont susceptibles d'un savoir et d'un sens (*cf.* Jouvet). Notre compréhension des phénomènes du sommeil s'est élargie, mais souvent en contestant les affirmations de Freud sur le sens psychique des rêves, et sa compréhension d'un appareil psychique virtuel susceptible lui aussi d'être compris. Tout ne serait qu'affaire de connexions neuronales et d'activité nerveuse, et les représentations subjectives n'en seraient qu'un sous-produit. On peut qualifier de réductionnisme neurophysiologique une telle attitude, qui exclut et déconsidère ce qu'elle n'observe pas directement, parce que ce n'est pas son objet d'étude ni ce que permet son appareillage ; en psychologie, le cognitivisme contemporain y participe souvent. La question de l'essence du rêve s'y transforme en celle de la raison d'être du sommeil paradoxal (pendant lequel se produisent les rêves), caractérisé par des mouvements oculaires rapides et des ondes spécifiques sur l'électroencéphalogramme.

D'autres objections ont pu être faites à Freud, par exemple, en philosophie, celles de Grünbaum qui souligne la vigueur de son naturalisme, mais critique son épistémologie (notamment son usage de la notion de cause) et les ambiguïtés de sa technique (le risque de suggestion). La psychanalyse poursuit cependant sa voie propre : elle s'efforce d'être une technique de l'interprétation qui soutient une pratique thérapeutique et suscite un réel savoir sur les fonctionnements psychiques, même si celui-ci ne naît que d'expériences singulières et de situations intersubjectives. On voit aujourd'hui des dialogues renouvelés jeter des ponts entre recherche biologique sur le système nerveux et pratique psychanalytique, tel le dialogue mené entre J. Hochmann et M. Jeannerod, *Esprit, où es-tu ?* L'ouvrage de F. Parot, *L'homme qui rêve*, permet de se faire une idée d'ensemble des recherches menées sur le rêve en diverses disciplines.

L'étude freudienne du rêve ne prétend pas tout dire. Elle nous confronte aux fonctionnements intrapsychiques, à partir de l'opposition fondatrice entre les pensées latentes du rêve et son contenu manifeste ; ce décryptage éclaire nos modes de pensée en dévoilant leur hétérogénéité (processus primaires/processus secondaires) ; l'œuvre constitue ainsi une sorte de nouveau « traité de l'entendement humain », comme en avaient écrit Leibniz, Locke ou Hume. *L'Interprétation des rêves* est essentielle pour poser aujourd'hui la question de la subjectivité.

DEUXIÈME PARTIE

Lire *L'Interprétation des rêves* : texte du chapitre VI § 1, 2 et 3 et commentaire

I

TEXTE DU CHAPITRE VI
§ 1, 2 et 3

LE TRAVAIL DU RÊVE

Toutes les tentatives faites jusqu'à présent pour élucider les problèmes du rêve s'attachaient à son contenu manifeste, tel que nous le livre le souvenir, et s'efforçaient d'interpréter ce contenu manifeste. Lors même qu'elles renonçaient à l'interprétation, elles se fondaient encore sur ce contenu manifeste.

Nous sommes seul à avoir tenu compte de quelque chose d'autre : pour nous, entre le contenu du rêve et les résultats auxquels parvient notre étude, il faut insérer un nouveau matériel psychique, le contenu *latent* ou les pensées du rêve, que met en évidence notre procédé d'analyse. C'est à partir de ces pensées latentes et non à partir du contenu manifeste que nous cherchons la solution.

De là vient qu'un nouveau travail s'impose à nous. Nous devons rechercher quelles sont les relations entre le contenu manifeste du rêve et les pensées latentes et examiner le processus par lequel celles-ci ont produit celui-là.

Les pensées du rêve et le contenu du rêve nous apparaissent comme deux exposés des mêmes faits en deux langues différentes ; ou mieux, le contenu du rêve nous apparaît comme une transcription (*Übertragung*) des pensées du rêve, dans un autre mode d'expression, dont nous ne pourrons connaître les signes et les règles que quand nous aurons comparé la traduction et l'original. Nous comprenons les pensées du rêve d'une manière immédiate dès qu'elles nous apparaissent. Le contenu du rêve nous est donné sous forme d'hiéroglyphes, dont les signes doivent être successivement traduits (*übertragen*) dans la langue des pensées du rêve. On se trompera évidemment si on veut lire ces signes comme des images et non selon leur signification conventionnelle. Supposons que je regarde un rébus : il représente une maison sur le toit de laquelle on voit un canot, puis une lettre isolée, un personnage sans tête qui court, etc. Je pourrais déclarer que ni cet ensemble, ni ses diverses parties n'ont de sens. Un canot ne doit pas se trouver sur le toit d'une maison et une personne qui n'a pas de tête ne peut pas courir ; de plus, la personne est plus grande que la maison, et, en admettant que le tout doive représenter un paysage, il ne convient pas d'y introduire des lettres isolées, qui ne sauraient apparaître dans la nature. Je ne jugerai exactement le rébus que lorsque je renoncerai à apprécier ainsi le tout et les parties, mais m'efforcerai de remplacer chaque image par une syllabe ou par un mot qui, pour une raison quelconque, peut être représenté par cette image. Ainsi réunis, les mots ne seront plus dépourvus de sens, mais pourront former quelque belle et profonde parole. Le rêve est un rébus, nos prédécesseurs ont commis la faute de vouloir l'interpréter en tant que dessin. C'est pourquoi il leur a paru absurde et sans valeur.

Le travail de condensation

Quand on compare le contenu du rêve et les pensées du rêve, on s'aperçoit tout d'abord qu'il y a eu là un énorme *travail de condensation*. Le rêve est bref, pauvre, laconique, comparé à l'ampleur et à la richesse des pensées du rêve. Écrit, le rêve couvre à peine une demi-page ; l'analyse, où sont indiquées ses pensées, sera six, huit, douze fois plus étendue. Le rapport peut varier avec les rêves, mais, ainsi que j'ai pu m'en rendre compte, il ne s'inverse jamais. En général, on sous-estime l'étendue de cette compression, on considère qu'il n'y a pas d'autres éléments que les pensées découvertes, on néglige toutes celles qui sont cachées derrière le rêve et qu'une interprétation plus étendue pourrait nous découvrir. Nous avons déjà indiqué que l'on n'est jamais sûr d'avoir complètement interprété un rêve ; lors même que la solution paraît satisfaisante et sans lacunes, il est toujours possible que ce rêve ait eu encore un autre sens. À parler rigoureusement, on ne saurait donc déterminer le *quotient de condensation*. Faut-il expliquer la disproportion entre le contenu du rêve et les pensées du rêve exclusivement par une immense condensation du matériel psychique lors de la formation du rêve ? On peut faire à cette manière de voir une objection qui paraît probante au premier abord. Nous avons bien souvent l'impression que nous avons rêvé beaucoup toute la nuit et qu'ensuite nous avons oublié la plus grande partie de nos rêves. Le rêve que nous nous rappelons au réveil ne serait alors qu'un reste de l'ensemble du travail du rêve, qui aurait la même étendue que les pensées du rêve si nous pouvions nous le rappeler tout entier. Du moins un fragment en est sûrement exact. Tout le monde a pu constater qu'un rêve est reproduit plus fidèlement, lorsqu'on cherche à se le rappeler, au réveil ; vers le soir nous n'en retrouvons plus que des bribes. D'un autre côté, il faut reconnaître que l'impression d'avoir rêvé bien plus que ce qu'on peut retrouver repose très souvent sur une illusion dont nous expliquerons plus tard l'origine. Le fait que nous pouvons oublier nos rêves ne contredit d'ailleurs nullement l'hypothèse d'une condensation, celle-ci demeure prouvée par la quantité des représentations appartenant aux fragments non oubliés du rêve. Même si une grande part du rêve a échappé à la remémoration, cela ne peut que nous avoir ôté l'accès à un autre groupe de pensées. Rien, en effet, ne prouve que les parties oubliées se rapportent aux mêmes pensées que celles que l'analyse de ce qui subsiste nous a permis d'atteindre*.

Devant l'amoncellement d'idées que l'analyse tire de chacun des éléments du contenu du rêve, le lecteur commencera par se demander si tout ce qui vient à l'esprit, après coup, lors de l'analyse doit être mis au nombre des pensées du rêve, c'est-à-dire s'il faut supposer que toutes ces pensées ont agi déjà pendant le sommeil et contribué à la formation du rêve. Ne faudrait-il pas bien plutôt supposer que de nouvelles liaisons d'idées, demeurées étrangères au rêve, ont apparu lors de l'analyse ? Je ne peux adhérer qu'en partie à cette position. Il est de fait que diverses liaisons d'idées apparaissent lors de l'analyse seulement, mais on peut, chaque fois, vérifier que ces sortes de liens ne s'établissent qu'entre des pensées qui ont déjà été liées de quelque autre manière dans les pensées du rêve ; ces nouvelles liaisons sont en quelque sorte des inférences détournées, des courts-circuits, rendus possibles par l'existence de voies de liaisons autres et plus profondes. Pour ce qui est de la masse d'idées en surnombre découvertes lors de l'analyse, il faut bien convenir qu'elles ont agi déjà lors de la formation du rêve, car, lorsqu'on suit l'enchaînement de ces sortes de pensées qui paraissent d'abord sans relations avec le rêve, on tombe brusquement sur une idée qui était représentée dans le contenu du rêve, qui était indispensable pour l'interpréter, et que cependant on ne pouvait atteindre qu'en suivant cet enchaînement. Que l'on se rappelle le rêve de la monographie botanique, qui apparaît comme le résultat d'une

* [Les notes appelées par un astérisque sont de S. Freud.] *De nombreux auteurs signalent la condensation.* Du Prel *déclare* [...] *qu'il est absolument sûr qu'il y a eu à un moment donné condensation d'une série de représentations.* [Note de 1914.]

condensation extraordinaire, bien que je n'aie cependant pas communiqué son analyse tout entière.

Mais comment faut-il se représenter l'état psychique pendant le sommeil qui précède le rêve ? Toutes les pensées du rêve sont-elles juxtaposées ? apparaissent-elles successivement ? ou plusieurs suites de pensées simultanées se forment-elles dans divers centres pour se joindre ensuite ? Je pense que rien ne nous contraint à nous représenter d'une manière plastique notre état psychique lors de la formation du rêve. N'oublions pas qu'il s'agit ici de pensée inconsciente et que le processus peut être bien différent de celui que nous observons lors d'une réflexion consciente et dirigée.

Un fait demeure absolument certain : la formation du rêve repose sur une condensation. Comment cette condensation peut-elle se produire ?

Si l'on se rappelle qu'un petit nombre seulement de pensées du rêve, découvertes ensuite, sont représentées, il semble d'abord que la condensation s'opère par voie d'omission, le rêve n'étant pas une traduction fidèle ou une projection point par point de la pensée du rêve, mais une restitution très incomplète et très lacunaire. Ainsi que nous le verrons bientôt, cette explication est très insuffisante. Mais admettons-la provisoirement ; la question suivante surgit alors : si un petit nombre d'éléments des pensées du rêve peut seul pénétrer dans son contenu, quelles sont les conditions qui déterminent le choix de ces éléments ?

Pour tirer cela au clair, regardons les éléments du contenu du rêve : ils ont nécessairement rempli ces conditions. Le mieux sera de rechercher un rêve dont la formation implique une forte condensation. Je choisis le rêve de la monographie botanique (cf. p. 153[1]).

---

1. Les numéros de pages donnés dans le corps du texte renvoient à des passages de l'édition M.

I. *Rêve de la monographie botanique.* – Contenu du rêve : *J'ai écrit la monographie d'une plante (d'espèce indéterminée). Le livre est devant moi, je tourne précisément une page où est encarté un tableau en couleur. Chaque exemplaire contient un spécimen de la plante séchée, comme un herbier.*

Dans ce rêve, l'élément frappant est la *monographie botanique.* Il provient des impressions de la veille du rêve : j'avais réellement vu, à la devanture d'un libraire, une *monographie de l'espèce Cyclamen.* – Le cyclamen n'est pas évoqué dans le contenu du rêve, il n'y demeure que le souvenir d'une monographie qui se rapporte à la botanique. On voit aussitôt que la « monographie botanique » se rapporte à un *travail sur la cocaïne* que j'ai écrit autrefois ; de là, une association d'idées conduit d'une part à un livre jubilaire et à certains faits qui se sont passés dans un laboratoire de l'Université, d'autre part à mon ami l'*oculiste Königstein* qui a contribué à l'utilisation de la cocaïne. Au D^r^ K… se rattache d'autre part le souvenir de notre conversation interrompue de la veille au soir, puis de nombreuses réflexions sur le moyen de rétribuer les services médicaux rendus entre collègues. Cette conversation est d'ailleurs la véritable instigatrice du rêve ; la monographie sur le cyclamen est aussi un fait actuel, mais indifférent ; on voit que la « monographie botanique » du rêve est un moyen terme entre les deux événements de la journée ; prise sans changements dans une impression indifférente, elle a été rattachée à un fait psychique important par des liens associatifs multiples.

Non seulement la représentation composée, globale « *monographie botanique* », mais chacun de ses éléments « *botanique* » et « *monographie* », isolé, pénètre profondément par des associations nombreuses dans le chaos des pensées du rêve. Au mot botanique se rattachent les souvenirs du Pr *Gärtner*[2] et de sa *florissante* jeune femme ; de ma malade *Flora* ; de la

2. *Gärtner* signifie jardinier.

dame à qui son mari avait oublié d'apporter des *fleurs*. *Gärtner*, de plus, fait penser au laboratoire et à la conversation avec *Königstein* ; il a été question des deux malades, au cours de cette conversation. La dame aux *fleurs* m'amène à songer à la *fleur favorite* de ma femme, que d'ailleurs évoquait le titre de la monographie entrevu dans la journée. D'autre part, le mot *botanique* rappelle encore un épisode de ma vie au lycée et un examen à la Faculté. Un autre sujet de conversation apparu dans mon entretien de la veille, celui qui a trait à mes fantaisies, se rattache, par l'entremise de ma soi-disant fleur préférée, l'artichaut, à la chaîne associative qui part des fleurs oubliées ; derrière le mot artichaut, je retrouve d'une part le souvenir de l'Italie, de l'autre le souvenir de la scène de mon enfance où j'entrai pour la première fois en relation avec les livres. Le mot *botanique* est donc un véritable nœud où se rencontrent de nombreuses associations d'idées, qui, je peux le garantir, peuvent être rattachées à bon droit à cette conversation. On se trouve au milieu d'une fabrique de pensées, où, comme pour le chef-d'œuvre du tisserand,

> À chaque poussée du pied on meut les fils par milliers,
> Les navettes vont et viennent,
> Les fils glissent invisibles,
> Chaque coup les lie par milliers[3].

Le mot « *monographie* », dans le rêve, évoque à nouveau deux sujets : le caractère unilatéral de mes études, le prix élevé de mes fantaisies.

Cette première recherche laisse l'impression que les éléments « botanique » et « monographie » ont trouvé place

---

3. « *Ein Tritt tausend Fäden regt, / Die Schifflein herüber, hinüber schiessen, / Die Fäden ungesehen fliessen, / Ein Schlag tausend Verbindungen schlägt* » (Gœthe, *Faust*, I). [N. d. T.]

dans le rêve parce qu'ils étaient ceux qui présentaient, avec les pensées du rêve, le plus de points de contact ; c'étaient des nœuds, où des pensées du rêve ont pu se rencontrer en grand nombre, parce qu'ils offraient à l'interprétation des sens nombreux. On peut exprimer autrement encore le fait qui explique tout cela et dire : chacun des éléments du contenu du rêve est *surdéterminé*, comme représenté plusieurs fois dans les pensées du rêve.

Nous apprendrons plus encore si nous examinons les autres éléments du rêve dans leurs rapports avec les pensées du rêve. Le *tableau en couleur* que je regarde évoque (cf. p. 155) les critiques que mes collègues font de mes travaux et de mes fantaisies (ce dernier thème a déjà été mentionné, l'autre est nouveau) ; il est lié aussi à mes souvenirs d'enfance, au livre d'images que j'ai déchiré. La *plante sèche* rappelle l'herbier du lycée et ravive d'ailleurs ce souvenir. On voit de quelle espèce est le rapport entre le contenu du rêve et les pensées du rêve. Non seulement les éléments du rêve sont déterminés plusieurs fois par les pensées du rêve, mais chacune des pensées du rêve y est représentée par plusieurs éléments. Des associations d'idées mènent d'un élément du rêve à plusieurs pensées, d'une pensée à plusieurs éléments. Le rêve ne se forme donc pas à partir du résumé d'une pensée ou d'un groupe de pensées du rêve auquel d'autres résumés viendraient se juxtaposer, etc., un peu comme lorsque les diverses classes de la population choisissent des représentants. La masse entière des pensées du rêve est soumise à une certaine élaboration, d'où les éléments les mieux soutenus et les plus nombreux se détachent pour entrer dans le contenu du rêve ; on pourrait comparer ce choix à celui du scrutin de liste. Quel que soit le rêve que je décompose, je retrouve toujours les mêmes principes : les éléments du rêve sont issus de toute la masse des pensées du rêve, et chacun d'entre eux, si on le rapproche des pensées du rêve, y est plusieurs fois indiqué.

Il est bon de montrer par un deuxième exemple la relation entre le contenu du rêve et les pensées du rêve. Dans cet exemple les relations de l'un et des autres sont curieusement mêlées. Le rêve m'a été communiqué par un malade qui présentait de la claustrophobie. On verra bientôt pourquoi j'intitule comme suit ce rêve remarquablement ingénieux.

II. Un *beau rêve. – Il traverse en nombreuse compagnie la rue* X... *où se trouve une modeste auberge* (ce qui est inexact). *On y joue une pièce de théâtre, il est tantôt public tantôt acteur. À la fin, il faut remettre ses habits de ville pour partir. Une partie du personnel est reléguée au parterre, l'autre au premier étage. Il y a alors une discussion. Ceux qui sont en haut se fâchent parce que ceux d'en bas ne sont pas encore prêts, de sorte qu'ils ne peuvent descendre. Son frère est en haut, il est en bas et il se fâche contre son frère parce qu'on est si serré.* (Cette partie est peu claire.) *D'ailleurs, dès l'entrée on avait indiqué qui devrait se trouver en haut et qui en bas. Il gravit ensuite seul la montée de la rue* X... *en allant vers la ville, et il marche si lentement, si péniblement qu'il ne parvient pas à avancer. Un monsieur d'un certain âge se joint à lui et dit du mal du roi d'Italie. Au haut de la pente, il marche bien plus aisément.*

La difficulté qu'il éprouvait à monter était si nette qu'une fois réveillé il s'est demandé pendant un moment si tout cela était bien un rêve.

On ne saurait que dire de ce rêve d'après son contenu manifeste. Je vais, au rebours de la méthode habituelle, commencer par la partie que le rêveur indique comme la plus claire.

Les difficultés que le dormeur a rêvées et qu'il a réellement senties dans son rêve, montée pénible et essoufflement, sont au nombre des symptômes que le malade a réellement présentés il y a des années ; ils étaient alors unis à une tuberculose (probablement simulée, hystérique). Les rêves d'exhibition nous ont déjà fait connaître cette sensation d'inhibition, d'espèce particulière, et nous la voyons ici de nouveau employée, comme un élément dont on disposerait en tout temps et pour n'importe quelle représentation. La description de la montée, pénible d'abord, facile ensuite, m'a fait penser, lors du récit du rêve, à la fameuse introduction de la *Sapho* d'A. Daudet. Il y a là un jeune homme qui monte un escalier avec sa maîtresse dans ses bras ; elle lui paraît d'abord très légère, mais, à mesure qu'il monte, elle lui pèse toujours plus. Cette scène est le symbole des faits que présente le roman ; A. Daudet veut mettre les jeunes gens en garde, les empêcher de s'attacher sérieusement à des filles de basse extraction et de passé douteux*. Tout en sachant que mon malade avait eu, peu de temps auparavant, une liaison avec une actrice et puis avait rompu avec elle, je ne m'attendais pas à ce que cette idée, apparue lors de l'interprétation, fût exacte. De plus, les faits, dans *Sapho*, étaient le *contraire* de ceux du rêve ; dans celui-ci, la montée était d'abord ardue, puis facile ; dans le roman, il fallait, pour le symbole, que ce qui avait d'abord paru léger fût lourd à la fin. À mon grand étonnement, le malade remarqua que l'interprétation convenait parfaitement au contenu de la pièce que, la veille, il avait vu représenter. Sous le titre *Rund um Wien*, elle montrait la vie d'une fille qui, après avoir été honnête, passe dans le demi-monde, a des relations avec des personnes haut placées, « *monte* », puis, plus tard, « *descend* » de plus en plus. Cette pièce l'avait fait penser à une autre, jouée plusieurs années auparavant, *Von Stufe zu Stufe* (*De marche en marche*). L'affiche qui l'annonçait portait un *escalier* de plusieurs marches.

**On comprendra mieux la valeur de cette description à la lumière de ce qui est dit sur les rêves d'ascension dans notre chapitre sur la symbolique*. [Note de 1911.]

Poursuivons l'interprétation. L'actrice avec qui il venait d'avoir des relations qui intéressent ce rêve habitait dans la rue X… Il n'y a pas d'auberge dans cette rue. Mais, comme il avait passé, à cause de cette dame, une partie de l'été à Vienne, il était « descendu » dans un petit hôtel du quartier. En quittant l'hôtel, il avait dit au cocher : « Je suis bien content, parce que du moins je n'y ai pas attrapé de vermine » (c'était encore là une de ses phobies). Le cocher avait répondu : « Aussi comment peut-on s'installer ici ! Ce n'est pas un hôtel, c'est une *auberge.* »

À cette auberge se rattache aussitôt le souvenir des vers :

Je fus récemment l'hôte
D'un hôtelier bien doux[4] ;

mais, dans le poème de Uhland, l'hôtelier est un *pommier*.

D'autres vers viennent alors s'associer à ce distique :

FAUST (*dansant avec la jeune fille*)

J'eus autrefois un bien *beau rêve* ;
Je voyais un *pommier* éclatant
Où brillaient deux bien belles pommes,
Elles m'attiraient, je *montai dessus*.

LA BELLE

Ces petites pommes vous tentent beaucoup…
Ce fut ainsi au paradis déjà.

4. « *Bei einem Wirte wundermild, / Da war ich jüngst zu Gaste.* » [N. d. T.]

La joie m'étreint à la pensée
Que mon jardin en a de telles[5].

Ce pommier et ces pommes ne laissent place à aucun doute. L'actrice qui a charmé mon rêveur avait, entre autres attraits, une belle poitrine.

Il était à supposer, d'après l'enchaînement de l'analyse, que le rêve se rapportait à une impression d'enfance. Si cette supposition était exacte, il s'agissait de la nourrice de cet homme, bientôt âgé de trente ans. La poitrine de sa nourrice est bien une auberge pour l'enfant. La nourrice, comme la Sapho de Daudet, représente l'amie abandonnée depuis peu.

Le frère du malade (plus âgé que celui-ci) apparaît aussi dans le contenu du rêve ; il est *en haut*, tandis que le malade est *en bas*. C'est de nouveau une interversion du rapport réel, car, à ce que je sais, le frère a perdu sa position, tandis que mon malade a conservé la sienne. Il a évité, en racontant son rêve, d'employer l'expression « *par terre* ». Cela aurait été trop clair, car nous disons ici qu'une personne est « *par terre* » quand elle a perdu son avoir et sa situation, quand elle est « *tombée aussi bas que possible* ». Le fait qu'ici quelque chose est renversé dans le rêve doit avoir un sens. L'interversion indique qu'il y a encore une autre relation entre la pensée et le contenu du rêve. Nous avons le moyen d'expliquer cette interversion. Nous trouvons à la fin du rêve une autre transformation : la montée y est l'inverse de ce qu'elle est dans *Sapho*. On voit par là de quoi il s'agit. Dans *Sapho* l'homme porte la femme avec laquelle il a des relations sexuelles ;

5. « Faust (*mit der Jungen tanzend) : Einst hatt'ich einen schönen* Traum / *Da sah ich einem* Apfelbaum, / *Zwei schöne Æpfel glänzten dran, / Sie reizten mich, ich stieg hinan.* / Die Schöne : *Der Æpfelchen begehrt ihr sehr, / Und schon von Paradiese her. / Von Freuden fühl'ich mich bewegt, / Dass auch mein Garten solche trägt* » (Gœthe, *Faust*, I). [N. d. T.]

dans les pensées du rêve il y a au contraire une femme qui porte un homme, et, comme ceci ne peut avoir lieu que pendant l'enfance, il s'agit donc de la nourrice qui porte péniblement son nourrisson. Ainsi la conclusion du rêve fait de Sapho et de la nourrice une même personne.

L'auteur a choisi le nom de Sapho en songeant aux mœurs lesbiennes ; de même les fragments du rêve où l'on voit des personnes occupées *en haut* et *en bas* indiquent les fantasmes sexuels du rêveur ; leur refoulement n'est pas sans relation avec sa névrose. L'interprétation du rêve ne peut pas nous apprendre s'il s'agit ici de fantasmes ou de souvenirs de faits réels ; elle ne nous livre que les pensées et nous laisse le soin de chercher leur valeur de réalité. Des faits réels et des fantasmes semblent d'abord avoir la même valeur (ce n'est pas le cas pour le rêve seulement, mais encore pour des créations psychiques plus importantes). Comme nous le savons déjà, une société nombreuse signifie « garder un secret ». Le frère représente, par une manière de fantasme rétrospectif qui fait revivre une scène d'enfance, tous les rivaux auprès des femmes. L'épisode du personnage qui s'indigne contre le roi d'Italie est lié, par l'intermédiaire d'un événement récent et indifférent en soi, à l'introduction de personnes de condition inférieure dans des cercles sociaux plus relevés. Il semble que l'on puisse placer, à côté de l'avertissement que Daudet donne au jeune homme, un avertissement analogue destiné au nourrisson*.

**La nourrice, dans ce cas, était la mère. Que l'on veuille bien ici se rappeler l'anecdote de la page 184* [de l'édition M] *où le jeune homme regrette de n'avoir pas mieux employé le temps passé en nourrice. C'est bien la source de ce rêve.*

III. *Rêve des hannetons.* – Comme troisième exemple pour l'étude de la condensation, voici l'analyse partielle d'un autre rêve, très intéressant. Je le dois à une dame déjà âgée, soumise au traitement psychanalytique. Elle souffrait d'accès d'angoisse très pénibles, et, comme il arrive habituellement dans ces cas, ses rêves présentaient quantité de pensées d'origine sexuelle. Quand je les lui fis connaître, elle en fut d'abord aussi surprise qu'effrayée. Comme je ne puis poursuivre l'interprétation jusqu'au bout, la matière du rêve paraîtra fragmentée en plusieurs groupes sans lien visible.

Contenu du rêve : *Elle se rappelle qu'elle a deux hannetons*[6] *dans une boîte ; elle veut les mettre en liberté, parce que sinon ils vont étouffer. Elle ouvre la boîte, les hannetons sont tout épuisés ; l'un d'eux s'envole par la fenêtre ouverte, l'autre est écrasé par le battant de la fenêtre, au moment où elle la ferme, comme quelqu'un le lui demandait (manifestations de dégoût).*

Analyse. – Son mari est en voyage ; sa fille, âgée de 14 ans, dort avec elle. La petite lui a fait remarquer, le soir, qu'une mite était tombée dans son verre d'eau ; elle n'a pas songé à l'en tirer, et, le matin, elle a eu pitié de la pauvre bête. Le livre qu'elle a lu, avant de s'endormir, racontait l'histoire d'enfants qui jetaient un chat dans l'eau bouillante et décrivait les soubresauts de l'animal. Ce sont les deux occasions du rêve, elles sont indifférentes en elles-mêmes. Elle continue à penser à la *cruauté à l'égard des bêtes.* Il y a quelques années, comme elles passaient l'été à la campagne, sa fille avait été très méchante pour les animaux. Elle voulait collectionner des papillons et elle lui avait demandé de l'*arsenic* pour les tuer. Un jour, un papillon de nuit, qui avait une aiguille dans le corps, vola longtemps encore autour de la pièce ; une autre

---

6. *Maikäfer* (m. à mot = scarabées de mai). [N. d. T.]

fois, plusieurs chenilles, qu'elle avait conservées pour voir leur métamorphose, moururent de faim. Plus jeune encore, cette petite fille avait l'habitude d'arracher les ailes des *scarabées* et des *papillons* ; tout cela lui ferait horreur aujourd'hui, elle est devenue très bonne.

Ce contraste la préoccupe. Il lui en rappelle un autre, le contraste entre l'*apparence* et les sentiments, tel qu'il est décrit dans *Adam Bede* de G. Eliot. Il y a là une jeune fille, belle, mais frivole et sotte, une autre, laide, mais dont les sentiments sont nobles. Il y a un *aristocrate* qui séduit la petite sotte ; un travailleur dont les sentiments et la conduite sont élevés. On ne peut pas *deviner* ces choses d'après l'*apparence*. Qui devinerait qu'elle est tourmentée par des désirs charnels ?

L'année où la petite fille faisait sa collection de papillons, tout le pays était ravagé par les *hannetons*. Les enfants les poursuivaient, les *écrasaient* cruellement. Elle vit même un homme qui leur arrachait les ailes et les mangeait ensuite. Elle est née en *mai*, elle s'est mariée en *mai*. Trois jours après son mariage, elle a écrit à ses parents combien elle était heureuse, elle ne l'était pas du tout en réalité.

Le soir qui a précédé le rêve, elle avait fouillé dans de vieilles lettres, elle en avait lu quelques-unes aux siens, les unes sérieuses, les autres comiques, parmi celles-ci, une lettre très ridicule d'un professeur de piano qui lui avait fait la cour quand elle était jeune fille, une autre d'un adorateur de famille aristocratique*.

Elle se reproche d'avoir laissé entre les mains de sa fille un mauvais livre de Maupassant**. L'arsenic demandé par sa

**C'est ce qui a provoqué le rêve.*

*** Il faut ajouter que ces livres sont du poison pour une jeune fille. Elle-même, dans sa jeunesse, en a lu beaucoup de tels.*

fille lui rappelle les *pilules* d'*arsenic* qui, dans le *Nabab*, doivent rendre au duc de Mora la vigueur de sa jeunesse.

Rendre la liberté lui rappelle le passage de *La Flûte enchantée* :

> Je ne puis te contraindre à m'aimer,
> Mais je ne te *rendrai* pas *la liberté*[7].

Les hannetons la font penser aux paroles de Käthchen de Heilbronn (de Kleist) :

> « Tu es amoureux fou de moi[8] » (m. à mot : comme un scarabée)*.

puis à Tannhäuser :

> « Puisque toi, animé d'un plaisir mauvais[9]... »

Elle vit dans l'angoisse à cause de l'absence de son mari. La crainte qu'il ne lui arrive malheur en voyage s'exprime en d'innombrables fantasmes diurnes. Ses pensées inconscientes pendant l'analyse déploraient sa « sénilité ». On saisira parfaitement la pensée que ce rêve recouvre, si je raconte que, plusieurs jours avant, comme elle se livrait à ses occupations, elle fut effrayée de penser brusquement à son mari avec cet impératif : « *Pends-toi* ! » Quelques heures avant, elle

---

7. « *Zur Liebe kann ich dich nicht zwingen, / Doch geb'ich dir die Freiheit nicht.* » [N. d. T.]

8. « *Verliebt ja bist du wie ein Käfer mir.* » [N. d. T.]

**Une autre association conduit au* Penthésilée *du même auteur : cruauté envers un amoureux.*

9. « *Weil du von böser Lust beseellt...* » [N. d. T.]

avait lu quelque part que lors de la pendaison il se produisait une érection puissante. C'est le désir d'une semblable érection qui, refoulé, se traduisait sous cette forme effrayante. « *Pends-toi* » signifiait : il faut à tout prix que tu aies une érection. Les pilules d'arsenic du Dr Jenkins dans le *Nabab* appartiennent au même ordre d'idées ; la malade savait aussi que l'on prépare le plus puissant des aphrodisiaques, la *cantharide*, en *écrasant des scarabées* (appelés : mouches espagnoles). Voilà le sens de la partie principale du rêve.

Ouvrir et fermer la fenêtre rappelle une différence essentielle entre elle et son mari. Elle dort la fenêtre ouverte, il dort la fenêtre fermée. *Épuisement* est le symptôme morbide dont elle s'est plainte le plus tous ces jours.

Dans ces trois rêves, j'ai indiqué typographiquement la réapparition de chacun des éléments du contenu dans les pensées du rêve ; on a pu voir ainsi combien leurs relations étaient multiples. Toutefois, comme je n'ai analysé aucun de ces rêves jusqu'au bout, il convient de revenir à un rêve dont l'analyse ait été faite entièrement, pour y montrer de quelle manière le contenu du rêve est surdéterminé. Je choisis le rêve de l'injection faite à Irma. Nous verrons sans peine, par cet exemple, que, lors de la formation du rêve, le travail de condensation dispose de plus d'un moyen.

Le personnage principal de ce rêve est ma malade Irma ; elle est vue avec ses traits propres et par conséquent représente en premier lieu elle-même. La position dans laquelle je l'examine près de la fenêtre provient du souvenir d'une autre personne, de la dame que je préférerais soigner, en échange, ainsi que le montrent les pensées du rêve. Dans la mesure où Irma a des membranes diphtériques qui rappellent mes inquiétudes au sujet de ma fille aînée, elle représente mon enfant, et, à cause de la similitude des noms, la malade morte d'intoxication. Dans la suite, Irma figure d'autres personnes encore (sans que son apparence se modifie dans le rêve) ; elle devient un des enfants que nous examinons à la consultation publique de l'hôpital des enfants malades, où mes amis manifestent la différence de leurs caractères. Il est probable que la transition a été fournie par l'idée de ma petite fille. Quand elle ne veut pas ouvrir la bouche, Irma devient une allusion à une autre dame que j'ai examinée et, de plus, pour le même motif, à ma propre femme. Les signes morbides que j'ai découverts dans sa gorge sont des allusions à toute une série d'autres personnes.

Toutes ces personnes que je découvre en poursuivant cette « Irma » n'apparaissent pas elles-mêmes dans le rêve ; elles se dissimulent derrière l'« Irma » du rêve qui devient ainsi une image générique formée avec quantité de traits contradictoires. Irma représente toutes ces personnes, sacrifiées au cours du travail de condensation, puisqu'il lui arrive tout ce qui est arrivé à celles-ci.

On peut créer une *personne collective*, servant à la condensation du rêve, d'une autre manière encore : en réunissant en une seule image de rêve les traits de deux ou plusieurs personnes. C'est ainsi qu'a été formé le Dr M... de mon rêve : il porte le nom de M..., il parle et il agit comme lui ; ses caractéristiques physiques, sa maladie sont celles d'une autre personne, de mon frère aîné ; un seul trait, sa pâleur, est doublement déterminé, puisque dans la réalité il est commun aux deux personnes. Le Dr R..., du rêve de l'oncle, est un personnage de ce genre. Mais ici l'image du rêve a encore été préparée d'une autre façon. Je n'ai pas uni des traits particuliers à l'un à ceux de l'autre et simplifié dans ce but l'image-souvenir de chacun. J'ai agi comme Galton élaborant ses images génériques (ses « portraits de famille ») : j'ai projeté les deux images l'une sur l'autre, de sorte que les traits communs ont été renforcés et que les traits qui ne concordaient point se sont mutuellement effacés et sont devenus indistincts dans l'image. C'est ainsi que, dans le rêve de l'oncle, un trait se renforce parce qu'il appartient à deux personnes (de physionomies différentes et par conséquent effacées) : c'est la barbe blonde, qui, de plus, rappelle mon père et moi grâce à l'idée de grisonner.

L'élaboration de personnes collectives et de types mixtes est un des principaux moyens dont la condensation du rêve dispose. Nous aurons bientôt l'occasion d'en reparler.

L'idée de *dysenterie* provient, dans le rêve de l'injection faite à Irma, également de plusieurs sources : d'une part d'une assonance paraphasique avec diphtérie, d'autre part de ce que cette idée est associée à celle du malade que j'ai envoyé en Orient et dont on a méconnu l'hystérie.

Un cas de condensation intéressant nous est fourni par le *propylène*[10] mentionné dans le rêve. La pensée du rêve ne contenait pas *propylène* mais *amylène*. On pourrait penser que, lors de la formation du rêve, il y a eu là un simple déplacement. Cela est vrai, mais ce déplacement a servi la condensation, ainsi qu'on va le voir. En arrêtant mon attention sur le mot propylène, je m'aperçois qu'il assone avec P*ropylée*[11]. Les Propylées[12] ne sont pas seulement à Athènes. Il y a des Propylées à Munich. C'est dans cette ville qu'un an avant le rêve j'ai rendu visite à un ami très malade que ma pensée évoque certainement lorsqu'elle mentionne la *triméthylamine* aussitôt après le propylène.

Je néglige le fait, pourtant frappant, que, lors de l'analyse du rêve, des associations de valeurs diverses ont été employées à relier les idées comme si elles avaient été équivalentes ; je vais essayer de me représenter d'une manière

10. Le propylène est un composé chimique, de même que l'amylène et la triméthylamine

11. En allemand, *Propyläen*. [N. d. T.]

12. Les Propylées sont une très célèbre allée de colonnes.

plastique en quelque sorte comment l'amylène de la pensée du rêve a pu être remplacé par *propylène* dans son contenu.

On trouve d'une part le groupe de représentations de mon ami Otto qui ne me comprend pas, me donne tort, m'offre de la liqueur qui sent l'*amylène* ; d'autre part, lié par contraste, le groupe de mon ami Wilhelm[13] qui me comprend, qui me donnerait raison et à qui je dois tant d'indications précieuses, surtout sur la chimie des processus sexuels.

Dans le groupe de représentations formé autour d'Otto, mon attention est surtout attirée par les faits récents, ceux qui ont provoqué le rêve : l'*amylène* est au nombre de ces éléments privilégiés, prédestinés à entrer dans le rêve. Le groupe, très riche, formé autour de Wilhelm est animé par le contraste avec le groupe d'Otto, et les éléments qui sont mis en relief correspondent aux éléments du groupe d'Otto. Dans tout ce rêve, j'en appelle d'une personne qui me contrarie à une autre que je peux lui opposer à mon gré, point par point. C'est ainsi que le souvenir de l'*amylène*, qui provient du groupe d'Otto, provoque dans le groupe adverse des souvenirs de la sphère de la chimie, et que la *triméthylamine*, soutenue de divers côtés, entre dans le contenu du rêve. A*mylène* pouvait aussi parvenir sans changement dans le contenu, mais il subit l'influence du groupe Wilhelm ; dans l'ensemble des souvenirs que ce nom recouvre, un élément est choisi, c'est celui qui peut donner une double détermination pour *amylène*. P*ropylène* est tout près d'*amylène*, si on se place au point de vue de l'association ; le groupe Wilhelm offre Munich et les P*ropylées*. Les deux cercles de représentation se rejoignent avec P*ropylène*-P*ropylées*. Cet élément médian pénètre donc dans le contenu du rêve par une manière de compromis. Il y a eu création d'une sorte de moyen terme qui

13. Il s'agit de Wilhelm Fliess.

permet une détermination multiple. Nous saisissons bien ici comment la détermination multiple permet de pénétrer plus aisément dans le contenu du rêve. Pour parvenir à cette image moyenne, on a déplacé l'attention, de la pensée réelle à une autre, assez proche pour l'association.

L'étude du rêve de l'injection nous permet de jeter un coup d'œil sur le processus de condensation, tel qu'il apparaît dans la formation du rêve. Nous pouvons reconnaître les procédés particuliers du travail de condensation : choix d'éléments de pensée qui apparaissent à diverses reprises dans les pensées du rêve, formation d'unités nouvelles (personnes collectives, types mixtes) et création de moyens termes. Nous nous demanderons à quoi sert la condensation et d'où elle vient, quand nous essaierons de saisir l'ensemble des processus psychiques qui apparaissent lors de la formation du rêve. Contentons-nous pour l'instant d'affirmer l'existence d'une condensation, relation caractéristique entre les pensées du rêve et le contenu du rêve.

Ce processus de condensation est particulièrement sensible quand il atteint des mots et des noms. Les mots dans le rêve sont fréquemment traités comme des choses, ils sont sujets aux mêmes compositions que les représentations d'objets. Ces sortes de rêves aboutissent à la création de mots comiques et étranges.

I. Un collègue m'avait envoyé un jour un de ses travaux, il y parlait d'une découverte physiologique récente, qu'il surestimait, à mon avis, et cela en termes très emphatiques ; la nuit suivante, je rêvai une phrase qui se rapportait visiblement à ce travail : C'*est un style vraiment* NOREKDAL. J'eus beaucoup de peine à comprendre comment j'avais formé ce mot : c'était visiblement une parodie des superlatifs : colossal, pyramidal ; mais je ne savais trop d'où il venait. Enfin, je retrouvai dans ce mot monstrueux les deux noms N*ora* et E*kdal*, souvenir de deux drames connus d'Ibsen. J'avais lu peu de temps avant, dans un journal, un article sur Ibsen de l'auteur même que je critiquais dans mon rêve.

II. Une de mes malades me communique un rêve bref qui s'achève par une combinaison de mots dépourvue de sens. *Elle assiste avec son mari à une fête paysanne et dit* : « *Tout cela aboutira à un* MAISTOLLMÜTZ *général.* » Elle a en même temps en rêve le sentiment obscur qu'il s'agit d'une bouillie faite de maïs, d'une sorte de polenta. L'analyse décompose le mot en *maïs – toll – mannstoll* (nymphomane) – *Olmütz*[14] ; tous restes d'une conversation à table avec des membres de sa famille. Le mot maïs renfermait, outre l'allusion à l'exposition du jubilé qui venait de s'ouvrir, un rappel des mots : *Meissen* (une porcelaine de Saxe [de *Meissen*] qui représente un oiseau), *Miss* (l'Anglaise de ses cousins était partie pour *Olmütz*), *mies* = dégoût, mot de jargon juif employé par plaisanterie. Une longue chaîne de pensées et d'associations partait de chacune des syllabes de ce mastic.

III. Un jeune homme, chez qui un ami a sonné, le soir tard, pour déposer une carte de visite, rêve, dans la nuit suivante : *Un homme d'affaires demeure tard, le soir, pour installer un téléphone d'appartement. Après son départ, la sonnerie ne résonne pas d'une manière continue, mais à petits coups séparés seulement. Le domestique retourne chercher l'homme ; celui-ci dit* : « *Il est bien curieux que des gens, ordinairement* TUTELREIN, *ne sachent pas se tirer d'affaire en pareil cas.* »

Comme on le voit, le prétexte du rêve est indifférent et n'en recouvre qu'un élément. D'ailleurs nous n'avons pu l'interpréter que quand nous l'avons rapproché d'un des événements antérieurs de la vie du rêveur, indifférent en soi, mais auquel son imagination prêtait de l'importance. Lorsqu'il

---

14. Olmütz est une ville de l'ex-Tchécoslovaquie, Meissen une ville d'Allemagne orientale, en Saxe.

était enfant et qu'il habitait chez son père, il avait un jour, comme il était à moitié endormi, renversé un verre d'eau par terre, de sorte que le fil téléphonique avait été mouillé et que sa sonnerie incessante avait dérangé le père, qui dormait. La sonnerie continuelle correspond à la grande humidité, les quelques coups représentent la chute des gouttes. Le mot « *tutelrein* » peut s'interpréter dans trois sens : *Tutel* signifie tutelle ; *Tutel* (ou *Tuttel*) est une manière vulgaire de désigner la poitrine de la femme ; le mot *rein* (propre), si on le joint à une partie de *Zimmertelefon*, donne *zimmerrein* (« propre dans une chambre ») : le chien dressé à être propre dans la maison, ce qui rappelle le plancher mouillé de la chambre et assone d'autre part avec le nom d'un des parents du rêveur[15].

IV. Au cours d'un long rêve confus, qui paraît avoir pour centre une croisière, le nom de la prochaine station est HEARSING, la suivante s'appelle *Fliess*. Ce dernier mot est le nom de mon ami de Berlin. Je suis souvent allé le voir. Le mot *Hearsing* est fabriqué à la manière des noms de villages des

---

15. *Cette chimie (fragmentation et réunion de syllabes) sert, quand nous sommes éveillés, à jouer sur les mots. « Quelle est la façon la plus économique d'obtenir de l'argent* (Silber) *? Vous descendez une avenue de peupliers blancs* (Silberpappeln) *et réclamez le silence. Le bavardage* (Pappeln) *cesse et vous obtenez l'argent. » Celui qui le premier lut et critiqua ce volume m'a fait une objection que d'autres me feront encore sans doute : « Le rêveur paraît souvent trop spirituel. » C'est vrai, mais l'objection ne porterait que s'il s'agissait de celui qui interprète le songe. Quand je suis éveillé, je ne peux passer pour spirituel ; si mes rêves le sont, cela ne dépend pas de moi, mais des circonstances particulières dans lesquelles le rêve est élaboré. Ceci est d'ailleurs étroitement lié à la théorie du spirituel et du comique. Le rêve est spirituel, parce que le chemin le plus direct et le plus proche pour exprimer sa pensée lui est fermé. Il l'est par force. Le lecteur a pu s'apercevoir que les rêves de mes malades donnent une impression de l'esprit (de jeux d'esprit) au moins autant que les miens.* [Note de 1909.] – *Les reproches faits à ce propos m'ont amené à comparer la technique des jeux d'esprit avec le travail du rêve. Cf.* Der Witz und seine Beziehung zum Unbewussten, *1905* (Ges. Werke, *Bd. VI*).

environs de Vienne qui s'achèvent souvent en -ing : Hietzing, Liesing, Mödling (= Medelitz, « *mea delicia* », c'est-à-dire *meine Freud'*, ma joie) ; EARSING rappelle aussi l'anglais *Hear say* (= ouï-dire) et signifie calomnie, ce qui dévoile l'occasion du rêve : une poésie lue dans les *Fliegende Blätter* et où il est question d'un nain calomniateur « Sagter Hatergesagt » (Ditil, Atildit). En rapprochant la syllabe finale -ing du nom Fliess, on obtient Vlissingen, nom du port où mon frère débarque quand il vient d'Angleterre. On appelle ce port en anglais Flushing, ce qui en cette langue signifie aussi rougir et rappelle les malades qui ont de l'éreutophobie[16] (j'en traite en ce moment quelques-uns) ; une publication récente de Bechterew sur cette névrose m'a été désagréable.

V. Un autre rêve se compose de deux fragments bien séparés. Le premier est le mot AUTODIDASKER, que je me rappelle bien nettement ; le second reproduit un fantasme sans grande importance qui m'est venu à l'esprit peu de jours avant : *Quand je verrai le Pr N..., je lui dirai : « Le malade au sujet duquel je vous ai consulté n'a vraiment qu'une névrose, ainsi que vous l'aviez pensé.* » Le néologisme *Autodidasker* doit non seulement contenir ou représenter un sens comprimé, mais encore un sens qui ait quelque rapport avec la résolution de faire cette réparation au Pr N...

On peut aisément couper *Autodidasker* en *Autor* (auteur), *Autodidacte* et *Lasker* auquel se rattache le nom de *Lassalle*[17]. Ces mots vont me permettre d'interpréter le rêve. J'avais apporté à ma femme plusieurs volumes d'un auteur connu, J. J. David, ami de mon frère, et qui, à ce que l'on m'a dit, est né dans le même pays que moi. Elle m'a parlé un soir de l'im-

---

16. L'éreutophobie est la peur de rougir en public.

17. Ferdinand Lassalle (1825-1864) est le fondateur du Mouvement social-démocrate allemand ; Lasker (1829-1884), un des fondateurs du Parti national libéral d'Allemagne.

pression profonde que lui avait produite l'histoire poignante d'un homme de talent déchu, lue dans une nouvelle de David ; notre conversation a ensuite roulé sur les dons que nous découvrions chez nos enfants. Ma femme, encore sous l'impression du roman, me dit quels soucis elle avait à ce sujet, et je la consolai en lui expliquant que ces sortes de dangers étaient précisément de ceux que l'éducation écarte. Dans la nuit, ma pensée se poursuivit, adopta les préoccupations de ma femme, et y mêla bien d'autres choses. Un mot que l'auteur avait dit un jour au cours d'une discussion avec mon frère au sujet du mariage me montre un chemin détourné qui a pu conduire à la représentation du rêve. Une dame avec qui nous étions très liés s'est mariée à Breslau. Le fond de mon rêve étant l'idée de la ruine par la femme, Breslau me fournit l'exemple de *Lasker* et de *Lassalle*, deux cas typiques de cette influence funeste*. On peut résumer tout ceci par « Cherchez la femme[18] », ce qui, pris en un autre sens, me fait penser à mon frère *Alexandre* qui n'est pas encore marié. Je remarque que *Alex* (c'est ainsi que nous l'appelons) est presque un anagramme de *Lasker* : ceci a dû contribuer à faire faire à ma pensée le détour par Breslau.

Cette façon de jouer avec les noms et les syllabes cache encore un autre sens. Elle révèle mon désir de voir mon frère heureux dans sa famille : en effet, dans L'*Œuvre*, roman[19] assez proche de la pensée de mon rêve, l'auteur, ainsi qu'on le sait, a épisodiquement décrit son bonheur familial ; il s'est lui-même représenté sous le nom de *Sandoz*. Il est probable que, voulant transformer son nom, il l'a retourné ainsi que le

---

**Lasker est mort de paralysie générale, conséquence de la syphilis. Lassalle a été tué dans un duel, pour une femme.*

18. En français dans le texte de Freud.

19. Roman d'Émile Zola (1886).

font si volontiers les enfants, en *Aloz* ; mais, cela étant trop clair encore, il a remplacé la syllabe *Al*, qui est aussi la première du nom Alexandre, par *sand*, qui en est la troisième. C'est de la même manière que s'est formé le mot *Autodidasker*.

Voici comment est apparu dans le rêve le fantasme de dire au Pr N… que notre malade ne souffre que de névrose. Peu de temps avant la fin de l'année, j'avais eu un malade dont je ne savais comment faire le diagnostic. Il paraissait avoir une grave maladie organique, peut-être une affection de la moelle épinière, mais je n'en étais pas sûr. Un diagnostic de névrose était tentant et il eût mis fin à toutes les difficultés, mais le malade repoussait nettement toute anamnèse sexuelle, et je ne puis admettre de névrose sans ces sortes d'antécédents. Dans mon embarras, j'appelai à mon aide le médecin pour qui j'ai le plus de respect et devant l'autorité de qui je m'incline le plus volontiers. Je lui expliquai mes doutes, il les trouva justifiés et dit ensuite : « Continuez à observer votre malade, vous verrez que ce sera bien une névrose. » Comme je sais qu'il ne partage pas mon opinion sur l'étiologie des névroses, je me tus, mais ne cachai point mon incrédulité. Quelques jours après, je dis au malade que je ne pouvais rien pour lui et lui conseillai de voir quelque autre médecin. Alors, à ma grande surprise, il s'excusa de m'avoir menti ; il avait eu trop honte ; il me découvrit l'étiologie sexuelle que j'avais recherchée et dont j'avais besoin pour admettre la névrose. Cela me fut un soulagement, mais en même temps me fit honte, je dus m'avouer que mon collègue avait vu plus clair que moi. Je résolus de lui dire, quand je le reverrais, qu'il avait eu raison et que j'avais eu tort.

C'est justement là ce que je fais dans mon rêve. Mais avoir tort paraît l'accomplissement d'un singulier désir. C'est bien mon désir cependant ; je voudrais avoir tort de craindre, je voudrais que ma femme, dont la pensée du rêve m'a attribué les craintes, eût tort. Le fait au sujet duquel il faut avoir tort ou raison dans le rêve n'est pas très différent de ce qui concerne les pensées de ce même rêve. C'est la même alternative entre trouble organique ou fonctionnel à cause de la femme, plus exactement à cause de la vie sexuelle : paralysie générale ou névrose ; à cette dernière peut se rattacher d'une manière lâche la mort de *Lassalle*.

Dans ce rêve bien construit et tout à fait clair quand on l'interprète soigneusement, le rôle du Pr N... ne s'explique pas seulement par la ressemblance des cas et par mon désir d'avoir tort, par ses relations à Breslau et avec la famille de notre amie mariée là-bas – mais encore par quelques menus faits qui se rattachent à notre consultation. Ayant achevé de parler du malade, il manifesta de l'intérêt pour ma vie personnelle : « Combien d'enfants avez-vous maintenant ? » – « Six. » – Un mouvement trahit à la fois son admiration et son inquiétude. « Des filles, des garçons ? » – « Trois filles et trois garçons, ils sont ma fierté et ma richesse. » – « Eh bien, prenez garde ; avec les filles, tout est simple, mais les garçons sont difficiles à élever. » – J'objectai qu'ils avaient été jusqu'alors très doux ; assurément ce diagnostic sur l'avenir de mes fils me fut aussi peu agréable que le précédent sur la névrose de mon malade. Ces deux impressions sont donc liées par contiguïté, et, en introduisant dans le rêve l'histoire de la névrose, je ne fais que remplacer par elle notre conversation sur l'éducation, beaucoup plus proche de la pensée du rêve puisqu'elle touche de très près aux préoccupations exprimées ultérieurement par ma femme. Ainsi ma crainte que N... ait eu raison en parlant des difficultés que pourrait présenter l'éducation de mes garçons entre dans le contenu du rêve ; elle se dissimule derrière la représentation du désir : avoir eu tort en ayant de telles craintes. Ce même fantasme sert à représenter les deux faces de l'alternative.

VI. Marcinowski[20] raconte le rêve suivant : « Ce matin, entre le sommeil et la veille, j'eus une très jolie condensation de mots. Au cours d'une quantité de fragments de rêve difficiles à se rappeler, je fus arrêté par un mot que je voyais moitié écrit et moitié imprimé. Le mot était "ERZEFILISCH", et il appartenait à une phrase qui demeura seule dans mon souvenir : *cela agit erzefilisch sur la sensibilité sexuelle.* Je sus aussitôt que le sens était *erzieherisch* (d'une manière éducative), je n'étais d'ailleurs pas bien sûr que ce ne fût pas *erzifilisch*. À ce propos je tombai sur le mot *syphilis* et, à moitié endormi encore, je cherchai à comprendre comment ce mot pouvait entrer dans mon rêve, alors que cette maladie ne concernait ni moi, ni ma profession. Mais le mot *erzaehlerisch* (en racontant) expliquait à la fois le *e* et le motif du rêve. Notre gouvernante (E*rzieherin*) m'avait demandé la veille au soir de lui parler du problème de la prostitution ; désirant agir d'une manière "éducative" (*erzieherisch*) sur sa sensibilité encore incomplètement développée, après lui avoir parlé (*erzählt*) du problème lui-même, je lui remis le livre de Hesse, Ü*ber die* P*rostitution*. Ce fait me fit comprendre qu'il ne fallait pas prendre le mot syphilis dans son sens textuel, mais dans le sens de *poison*, et ayant trait à la vie sexuelle. Ainsi, le sens de la phrase est très logique : Par mon récit (E*rzählung*), j'ai agi sur notre gouvernante (E*rzieherin*) d'une manière éducative (*erzieherisch*), et je redoute que cela ait été pour elle un *poison*. E*rzefilisch* = *erzäh* – (erzieh –) (*erzifilisch*). »

Les formations de mots dans le rêve ressemblent beaucoup aux formations de mots dans la paranoïa ; on en trouve d'ailleurs d'analogues dans l'hystérie et dans les obsessions. Sous ce rapport, rêve et psychonévrose sont tributaires de

20. Tout ce paragraphe est une citation de Marcinowski (1911), insérée dans l'édition de 1914.

l'enfance. Les enfants traitent parfois les mots comme des objets ou bien trouvent des façons nouvelles de parler ou des manières artificielles de fabriquer des mots.

L'analyse[21] des mots dépourvus de sens dans le rêve peut servir à l'étude du travail de condensation. Il ne faudrait pas conclure du petit nombre d'exemples présentés ici que ce procédé soit rare. Il est au contraire très fréquent. Mais comme l'interprétation des rêves n'est faite que lorsqu'il y a traitement psychanalytique, on ne relève que peu d'exemples et leur analyse n'est ordinairement comprise que par les spécialistes. (Voir par exemple un rêve du Dr v. Karpinska, *Internationale Zeitschrift für Psychoanalyse*, II, 1914, qui contient les mots « *Svingnum elvi* ».) Il faut encore signaler le cas où, dans le rêve, apparaît un mot qui a un sens propre, mais n'est pas utilisé avec cette signification, et condense plusieurs sens autres que son sens propre. Il se comporte alors comme les mots dépourvus de sens. C'est le cas pour le rêve de « Catégorie » fait par un garçon de 10 ans (signalé par V. Tausk, Zur Psychologie der Kindersexualität, *Internationale Zeitschrift für Psychoanalyse*, I, 1913). Le mot « *catégorie* » désigne ici les organes sexuels féminins et « *categoriere* » signifie uriner.

Quand dans le rêve apparaissent des discours reconnus comme tels et nettement distincts des pensées, on peut toujours considérer que ce sont des souvenirs de discours réels. Les mots peuvent être restés les mêmes ou avoir légèrement changé. Il arrive que le discours du rêve soit fait d'une fusion de plusieurs discours remémorés ; les mots sont alors ceux qui ont été communs à tous les discours, leur sens peut être multivoque et plus ou moins transformé. Souvent le discours

21. Paragraphe ajouté en 1916.

du rêve ne fait que faire allusion à l'événement au sujet duquel il a été prononcé*.

Le travail de déplacement

En rassemblant des exemples de condensation dans le rêve, nous avons remarqué que les éléments qui nous paraissaient essentiels pour le contenu ne jouaient dans les pensées du rêve qu'un rôle très effacé. Inversement, ce qui est visiblement l'essentiel des pensées du rêve n'est parfois pas du tout représenté dans celui-ci. Le rêve est *autrement centré*, son contenu est rangé autour d'éléments autres que les pensées du rêve. Ainsi, dans le rêve de la monographie botanique, le centre est visiblement le mot « botanique » ; les pensées du rêve tournent autour des difficultés et des conflits entre collègues, puis autour de l'idée que je sacrifie trop à mes fantaisies ; dans tout cela nulle place pour l'élément « botanique », à moins qu'il n'y soit lié d'une manière lâche par contraste parce que la botanique ne fut jamais une de mes études de prédilection. Dans le rêve de mon malade au sujet de Sapho, le fait de monter puis de descendre, d'être en haut puis en bas, paraît central ; or le rêve a trait au danger que présentent les relations sexuelles avec des personnes de basses classes, de sorte qu'un seul des éléments des pensées est entré dans le contenu du rêve, et il y a pris un développement démesuré. De même, dans le rêve des hannetons, qui roule autour des rapports entre les relations sexuelles et la cruauté, s'il est vrai que l'idée de cruauté apparaît dans le rêve, elle y est présentée tout autrement et rien ne rappelle la

***L'unique exception que j'aie rencontrée m'a été fournie par un jeune obsédé dont l'intelligence, d'ailleurs remarquable, était demeurée intacte. Les discours qui apparaissaient dans ses rêves ne provenaient pas de propos précédents, mais correspondaient exactement à ses obsessions, qui pendant la veille se traduisaient tout autrement.* [Note de 1909.]

sexualité. Dépouillée de son contexte, elle apparaît sous un aspect tout différent. De même encore, dans le rêve de l'oncle, la barbe blonde, qui en est le centre, ne paraît avoir aucune relation avec le désir de grandeur qui nous a paru être le fond des pensées de ce rêve. De tels rêves donnent à bon droit l'impression d'un *déplacement*. Par contre, le rêve de l'injection faite à Irma nous montre que les divers éléments peuvent en certains cas conserver dans le contenu la place qu'ils avaient dans les pensées. Cette relation nouvelle et en apparence capricieuse entre les pensées du rêve et son contenu nous étonne d'abord. Quand un processus psychique de la vie normale nous montre une représentation qui, mise en relief, a pris pour la conscience une vivacité particulière, nous supposons que la représentation victorieuse a une valeur psychique particulière, qu'elle a suscité un certain intérêt. Nous constatons que cette valeur des divers éléments des pensées du rêve ne persiste pas lors de la formation du rêve. Nous savons bien quels sont les éléments essentiels, nous le savons d'une manière immédiate. Or, lors de la formation du rêve, ces éléments chargés d'un intérêt intense, peuvent être traités comme s'ils n'avaient qu'une faible valeur, et d'autres, peu importants dans les pensées du rêve, prennent leur place. Il semble d'abord que l'intensité psychique* des diverses représentations ne joue aucun rôle pour leur choix dans le rêve et que joue uniquement la complexité de leur détermination. On pourrait supposer que ce qui apparaît dans le rêve n'est pas ce qui était important dans les pensées du rêve, mais plutôt ce qui y était souvent répété. Cette hypothèse ne nous avance guère, car il est difficile d'admettre que les deux facteurs : répétition fréquente et

**Il faut évidemment distinguer l'intensité, la valeur, l'intérêt psychique d'une représentation de l'intensité sensorielle, intensité de l'objet représenté.*

valeur propre des éléments, puissent agir en sens différents lors du choix des éléments du rêve. Il semble que les représentations les plus importantes dans les pensées du rêve doivent être aussi celles qui y reviennent le plus souvent, puisque les diverses pensées du rêve doivent rayonner de là comme d'un centre commun. Et cependant le rêve peut repousser ces éléments à la fois pourvus d'un accent intense et soutenus de toutes parts et englober d'autres facteurs qui n'auront que cette dernière propriété.

Il faut, pour résoudre cette difficulté, recourir à une autre notion, qui est apparue comme nous examinions la surdétermination du contenu du rêve. Peut-être le lecteur a-t-il déjà pensé que cette surdétermination des éléments du rêve n'était pas une trouvaille fort importante et que cela allait de soi. L'analyse part des éléments du rêve et souligne tout ce qui peut s'y rattacher ; il n'est pas étonnant dès lors que, dans le matériel de pensées ainsi obtenu, ces mêmes éléments se retrouvent très fréquemment. Je ne peux accepter l'objection sous cette forme, mais je ferai une remarque à certains égards analogue. Parmi les pensées que l'analyse révèle, il s'en trouve beaucoup qui sont assez éloignées du noyau du rêve et qui nous font l'effet d'interpolations habiles et opportunes. On peut aisément découvrir pourquoi elles sont là : elles représentent la liaison (souvent forcée et cherchée) entre le contenu du rêve et les pensées du rêve. Si l'on retranchait ces éléments de l'analyse, ce n'est pas seulement la surdétermination qui manquerait, mais parfois même une détermination suffisante. Nous devons donc conclure que la détermination multiple qui décide du choix pour être inclus dans le rêve n'est pas toujours un facteur primaire de la formation du rêve, mais souvent le résultat secondaire d'un pouvoir psychique encore inconnu. Elle doit cependant agir sur l'entrée des différents éléments dans le rêve, car, dans les cas où elle n'apparaît pas directement à partir du matériel du rêve, il faut un certain effort pour en venir à bout.

On est ainsi conduit à penser que, dans le travail du rêve, se manifeste un pouvoir psychique qui, d'une part, dépouille des éléments de *haute* valeur psychique de leur intensité, et, d'autre part, *grâce à la surdétermination*, donne une valeur plus grande à des éléments de moindre importance, de sorte que ceux-ci peuvent pénétrer dans le rêve. On peut dès lors comprendre la différence entre le texte du contenu du rêve et celui de ses pensées ; il y a eu, lors de la formation du rêve, *transfert et déplacement des intensités psychiques* des différents éléments. Ce processus est la partie essentielle du travail du rêve. Il peut être appelé processus de *déplacement*. Le *déplacement et la condensation* sont les deux grandes opérations auxquelles nous devons essentiellement la forme de nos rêves.

On reconnaîtra facilement la force psychique dont l'action se manifeste ainsi dans des faits de déplacement. Par la vertu de ce déplacement, le contenu du rêve ne ressemble plus au noyau des pensées du rêve et le rêve ne restitue plus qu'une déformation du désir qui est dans l'inconscient. Or nous connaissons déjà la déformation et nous savons qu'elle est l'œuvre de la censure qu'exerce une des instances psychiques sur l'autre instance. Le déplacement est donc l'un des procédés essentiels de la déformation. Is *fecit cui profuit*[22]. Nous pouvons alors affirmer que le déplacement a lieu sous l'influence de la même censure, la censure de défense endopsychique*. Nous rechercherons plus tard quel est le rôle et

22. Vieil adage juridique latin : Celui qui l'a fait, c'est celui à qui cela profite.

**Puisque je dis que le noyau de ma théorie du rêve repose sur ce que j'ai fait dériver de la censure, le déplacement, j'insérerai ici la dernière partie d'une histoire* de Phantasien eines Realisten de LYNKEUS (Vienne, *2e éd., 1900*). *J'y ai retrouvé cette caractéristique essentielle de ma théorie.*

quelle est la hiérarchie de ces divers facteurs : déplacement, condensation, surdétermination. Contentons-nous de noter ici une nouvelle condition à laquelle doivent satisfaire les éléments qui parviennent dans le rêve : *il faut qu'ils aient échappé à la censure*. Sachons aussi dès maintenant que le déplacement est un fait indubitable et dont il faut tenir le plus grand compte.

Les procédés de figuration du rêve

Il est maintenant établi que la condensation et le déplacement sont les deux facteurs essentiels qui transforment le

---

Le titre de l'histoire est « Rêver comme on est éveillé ». « À propos d'un homme qui a ce caractère remarquable, il ne rêve jamais d'absurdités… » « Ce don splendide que tu possèdes de rêver comme si tu étais éveillé est une conséquence de tes qualités, de ta bonté, de ton sens de la justice, de ton amour de la vérité. C'est la sérénité morale qui me permet de te comprendre parfaitement.
– Mais lorsque je réfléchis bien, répondit l'autre, je crois que presque tous les hommes sont faits comme moi et que personne ne fait jamais de rêves insensés. Chaque rêve que l'on peut se rappeler assez clairement pour pouvoir le décrire – c'est-à-dire chaque rêve qui n'est pas un rêve dû à la fièvre – a forcément un sens et il ne peut en être autrement. En effet, des choses qui seraient contradictoires ne pourraient se grouper en un tout. La confusion du temps et de l'espace n'affecte pas le vrai contenu du rêve, car ils n'ont sûrement pas de signification pour son essence réelle. Nous agissons souvent de même à l'état de veille. Il suffit de penser aux contes de fées et à toutes les créations imaginaires, qui sont pleins de signification et dont nul homme intelligent ne pourrait dire : "C'est absurde parce que c'est impossible."
– Si seulement on savait toujours interpréter les rêves à bon escient, comme tu viens de le faire pour le mien » rétorqua son ami.
« Ce n'est certes pas aisé, mais il suffit d'un peu d'attention de la part du rêveur lui-même pour réussir. – Pourquoi n'y parvient-on pas toujours ? Chez vous, il semble qu'il y a toujours quelque chose de caché dans vos rêves, quelque chose d'impudique, une certaine qualité secrète de vos êtres qu'il est difficile de concevoir. Pour cette raison, vos rêves paraissent si souvent dépourvus de signification et même absurdes. Mais, au fond, il n'en est pas du tout ainsi, il ne peut absolument pas en être ainsi, car qu'il veille ou qu'il rêve, il s'agit toujours du même homme. » [Note de 1909.]

matériel des pensées latentes du rêve en son contenu manifeste ; la suite de cette recherche nous amènera à trouver deux autres conditions qui ont, sur le choix du matériel du rêve, une influence indubitable. Mais je voudrais d'abord, au risque de paraître m'arrêter en route, jeter un premier regard sur le processus de l'interprétation. Je sais bien quel serait le mode de démonstration le plus clair et le plus décisif : choisir un rêve modèle, en développer l'interprétation (comme je l'ai fait, chap. II, pour le rêve de l'injection faite à Irma), puis réunir les pensées du rêve ainsi découvertes grâce à elles et reconstruire le processus qui a été celui de la formation du rêve ; j'aurais ainsi complété l'analyse par la synthèse. J'ai fait fréquemment ce travail pour mon instruction personnelle, mais je ne saurais l'entreprendre ici, parce que, ainsi qu'on peut se le représenter aisément, je ne saurais user avec ce sans-gêne du matériel psychique nécessaire pour cette démonstration. Ces égards ne nous gênent pas pour l'analyse du rêve, car elle peut demeurer incomplète et garder toutefois sa valeur ; il suffit qu'elle nous ait fait pénétrer jusqu'à un certain point dans le tissu du rêve. Mais la synthèse, pour être probante, devrait être complète. Je ne pourrais donner la synthèse complète que des rêves de personnes que les lecteurs ne connaîtraient point. Comme je n'ai à ma disposition, en vue de ce travail, que des rêves de mes malades, des névropathes, il faut que j'attende encore. Je ne pourrai le faire que lorsque j'aurai poussé, ailleurs, mon explication psychologique des névroses assez loin pour qu'elle vienne rejoindre le thème traité ici*.

**Depuis la parution de la première édition de ce livre, j'ai donné une analyse et une synthèse complètes de deux rêves dans* Bruchstück einer Hysterieanalyse, *1905*, Ges. Werke, *Bd. V. L'interprétation la plus complète d'un rêve un peu prolongé est celle qu'a donnée* O. Rank (Ein Traum der sich selbst deutet).

Mes tentatives pour reconstruire synthétiquement les rêves, en partant des pensées du rêve, m'ont appris que le matériel ainsi trouvé lors de l'interprétation était de valeurs très différentes. Les pensées essentielles du rêve, qui seraient le rêve lui-même s'il n'y avait point de censure, en forment une partie. On tient ordinairement peu compte du reste.

Rien ne permet d'affirmer que toutes les pensées qui forment ce reste prennent part à la construction du rêve. Mais on pourrait penser que certaines d'entre elles se rattachent à des faits postérieurs au rêve, apparus entre le moment du rêve et l'interprétation. On doit ranger ici toutes les voies de liaisons qui nous conduisent du contenu manifeste du rêve à ses pensées latentes, mais aussi toutes les associations d'idées par contiguïté et par ressemblance qui, pendant le travail d'interprétation, nous permettent de retrouver ces voies de liaisons.

En ce moment, nous nous attachons seulement aux pensées essentielles du rêve. Celles-ci se révèlent ordinairement comme un complexe de pensées et de souvenirs, construit d'une manière très compliquée et présentant toutes les propriétés des suites d'idées que nous connaissons pendant la veille. Souvent nous avons affaire à des pensées issues de plusieurs centres, mais même ces sortes de pensées ont des points de contact ; presque toujours une suite de pensées nettement dirigée dans un sens a près d'elle son contraire, lié à elle en vertu d'une association par contraste.

Les différents éléments de cette construction complexe sont les uns à l'égard des autres dans les relations logiques les plus variées. Il y a des pensées de premier plan et des pensées d'arrière-plan, des digressions et des éclaircissements, des conditions, des démonstrations et des oppositions. On peut se demander ce que deviennent ces liens logiques, qui avaient d'abord formé toute la charpente, quand cette masse de pensées du rêve subit la pression du travail du rêve et que ses fragments sont tordus, morcelés, réunis comme des glaces flottantes. Quelle forme peuvent prendre dans le rêve les « quand », « parce que », « de même que », « bien que », « ceci ou cela », et toutes les autres conjonctions sans lesquelles nous ne saurions comprendre une phrase ni un discours ?

Il faut bien dire tout d'abord que le rêve n'a aucun moyen de représenter ces relations logiques entre les pensées qui le composent. Il laisse là toutes ces conjonctions et ne travaille que sur le contenu effectif des pensées du rêve. C'est à l'interprétation de rétablir les liens supprimés par ce travail.

Ce défaut d'expression est lié à la nature du matériel psychique dont le rêve dispose. Les arts plastiques, peinture et sculpture, comparés à la poésie, qui peut, elle, se servir de la parole, se trouvent dans une situation analogue : là aussi le défaut d'expression est dû à la nature de la matière utilisée par ces deux arts, dans leur effort d'exprimer quelque chose. Autrefois, alors que la peinture n'avait pas encore trouvé ses lois d'expression propre, elle s'efforçait de remédier à ce handicap ; le peintre plaçait devant la bouche des individus qu'il représentait des banderoles sur lesquelles il écrivait les paroles qu'il désespérait de faire comprendre.

Peut-être va-t-on m'objecter que le rêve ne renonce nullement à représenter les relations logiques, qu'il y a des rêves où s'accomplissent les opérations intellectuelles les plus compliquées, où on établit une opinion, où on la contredit, où on se livre à des jeux d'esprit, où on compare, exactement comme pendant la veille. Mais l'apparence nous trompe ici encore ; quand on interprète ces rêves, on apprend que tout ceci est *matériel du rêve et non représentation d'un travail intellectuel dans le rêve*. Ce qui nous est fourni par la pseudo-pensée du rêve, ce sont les pensées mêmes qui ont provoqué le rêve, c'est-à-dire leur *contenu*, et *non leurs relations mutuelles*, relations qui sont vraiment toute la pensée. J'en donnerai des exemples. Il est en tout cas aisé de constater que tous les discours qui apparaissent dans le rêve et qui sont expressément désignés comme tels reproduisent sans aucun changement ou avec très peu de modifications des discours qui se trouvent aussi dans les souvenirs du matériel du rêve. Le discours n'est souvent qu'une allusion à un événement contenu dans les pensées du rêve ; le sens du rêve est tout autre.

Je reconnais d'ailleurs que l'on peut trouver dans la formation du rêve un travail de pensée critique qui n'est pas la reproduction simple du matériel des pensées du rêve. J'expliquerai son influence un peu plus loin. On verra alors que ce travail de pensée est suscité non point par les pensées du rêve, mais par le rêve qui en un sens est déjà achevé.

Nous considérerons provisoirement donc que les relations logiques entre les pensées du rêve ne sont pas représentées spécialement. Quand il y a par exemple une contradiction dans le rêve, ce peut être ou une contradiction à l'égard du rêve ou une contradiction venant du contenu d'une des pensées du rêve ; cette contradiction ne peut correspondre à une contradiction *entre* les pensées du rêve que d'une manière tout à fait indirecte.

Mais, de même que la peinture a fini par trouver le moyen d'exprimer autrement que par des banderoles les intentions des personnages qu'elle représentait (tendresse, menace, avertissement, etc.), le rêve parvient à faire ressortir quelques-unes des relations logiques entre ses pensées en modifiant d'une manière convenable leur figuration. On peut constater que les divers rêves vont plus ou moins loin à cet égard ; les uns ne tiennent aucun compte de la construction logique de leur matériel, d'autres s'efforcent de la présenter aussi complète que possible. Le rêve s'éloigne ainsi plus ou moins du thème sur lequel il brode. Il en est de même à l'égard de la construction temporelle des pensées du rêve, quand une construction de cette espèce existe dans l'inconscient (comme par exemple dans le rêve de l'injection faite à Irma).

Je vais essayer de montrer successivement les moyens dont le travail du rêve dispose pour indiquer ces relations entre les pensées du rêve si difficiles à représenter.

Tout d'abord le rêve exprime la relation qui existe à coup sûr entre tous les fragments de ses pensées en unissant ces éléments en un seul tout, tableau ou suite d'événements. Il présente les *relations logiques* comme *simultanées* ; exactement comme le peintre qui réunit en une École d'Athènes ou en un Parnasse tous les philosophes ou tous les poètes, alors qu'ils ne se sont jamais trouvés ensemble dans ces conditions : ils forment pour la pensée une communauté de cette sorte.

Le rêve a, même dans le détail, cette forme de représentation. Chaque fois qu'il rapproche deux éléments, il garantit par là même qu'il y a un rapport particulièrement étroit entre ce qui leur correspond dans les pensées du rêve. Il en est de cela comme de notre écriture, *ab* indique une seule syllabe, *a* et *b* séparés par un espace nous laissent comprendre que *a* est la dernière lettre d'un mot, *b* la première d'un autre. Ainsi ces combinaisons ne se forment pas à partir d'éléments quelconques et parfaitement disparates de son matériel mais d'éléments qui, dans les pensées du rêve, se trouvaient étroitement unis.

Les *relations causales* sont représentées dans le rêve par deux procédés qui sont au fond le même procédé. Quand les pensées du rêve s'expriment ainsi : telle chose étant ainsi, telle autre devait arriver, la proposition subordonnée apparaît comme rêve-prologue et la proposition principale s'y ajoute ensuite comme rêve principal. Si mon interprétation est juste, la succession dans le temps peut être aussi renversée ; la proposition principale correspond toujours à la partie du rêve la plus développée.

Un bel exemple de cette représentation de la causalité m'a été fourni un jour par une de mes malades : je donne plus loin (p. 298) ce rêve tout entier ; il se composait d'un court prologue et d'un rêve principal, long mais fort bien centré, qu'on pourrait intituler : « À *travers les fleurs* ».

Le prologue se présente ainsi : *Elle va à la cuisine pour parler aux deux bonnes et les gronde de n'avoir pas encore fini de casser la croûte* (« mit dem bissl Essen »). À *cette occasion, elle voit renversés une quantité d'ustensiles de cuisine entassés pour qu'ils s'égouttent. Les deux servantes vont chercher de l'eau ; il faut pour cela qu'elles entrent dans une sorte de fleuve qui monte jusqu'à la maison ou tout au moins jusqu'à la cour.*

Puis vient le rêve principal qui commence de la manière suivante : *Elle descend de très haut à travers des barrières de forme bizarre et elle se réjouit à cette occasion de ce que sa robe ne s'accroche nulle part*, etc. Le rêve-prologue a trait à la maison paternelle de cette dame. Elle a souvent entendu sa mère dire ces mêmes mots à la cuisine. L'amoncellement d'ustensiles provient d'une petite boutique d'ustensiles de cuisine qui se trouvait au rez-de-chaussée à la maison. La seconde partie du rêve contient une allusion à son père qui s'occupait beaucoup des domestiques, et qui, lors d'une inondation – la maison était au bord du fleuve –, contracta une maladie mortelle. La pensée qui se cache derrière ce premier rêve est donc : « Parce que je suis née dans cette maison et que je m'y suis trouvée dans des circonstances aussi médiocres et aussi désagréables… » Le rêve principal reprend ces mêmes pensées et leur donne, accomplissant un désir, une forme nouvelle : « Je suis de haute extraction. » Le sens est donc : « Ma vie est ce qu'elle est parce que mon origine fut basse. »

Il ne me semble pas que la division du rêve en deux parties inégales indique toujours un rapport causal entre les pensées de ces deux parties. Il semble souvent que le même matériel soit représenté dans le rêve de deux points de vue différents. C'est le cas pour la série de rêves, qui se déroule au cours d'une nuit et s'achève par une pollution ; le besoin somatique s'exprime d'une manière progressive, de plus en plus claire[23]. Il peut aussi arriver que les deux rêves partent de foyers différents et que leurs contenus se recoupent de façon que ce qui est centre dans l'un ne soit plus qu'indication dans l'autre et inversement. Toutefois, dans un certain nombre de rêves, la diversion en rêve-prologue, court, et rêve principal, long, indique bien une relation causale.

Le rêve dispose d'un autre procédé, exigeant un matériel moins étendu, pour indiquer la relation causale : c'est la transformation d'une image du rêve en une autre, qu'il s'agisse d'une personne ou d'une chose. La relation ne peut être affirmée que quand nous assistons à cette transformation ; non lorsque nous remarquons seulement qu'une personne a pris la place d'une autre. Ainsi que je l'ai dit plus haut, les deux procédés reviennent au même ; dans les deux cas, la *causation* est représentée par une *succession* : soit succession de rêves, soit transformation immédiate d'une image en une autre. Dans la plupart des cas d'ailleurs, la relation causale n'est pas indiquée du tout, elle est cachée par la succession des éléments, qui se produit inévitablement dans le processus du rêve.

Le rêve ne peut, en aucune façon, exprimer l'*alternative* « ou bien, ou bien » ; il en réunit les membres dans une suite, comme équivalents. Le rêve de l'injection faite à Irma en donne un exemple. La pensée latente est évidemment : Je ne suis pas responsable de la persistance des souffrances d'Irma ; la faute en est *ou bien* à sa résistance à la solution, *ou bien* au fait qu'elle vit dans de mauvaises conditions sexuelles, que je ne peux transformer, *ou bien* même au fait que ses douleurs ne sont pas de nature hystérique, mais organique. Le rêve présente toutes ces possibilités, bien qu'elles s'excluent presque mutuellement, et y ajoute d'ailleurs une quatrième solution qui reflète mon désir pro-

23. Phrase ajoutée en 1914.

fond. C'est après l'interprétation que j'ai pu substituer l'alternative à la succession dans les pensées du rêve.

Dans le cas où, en racontant le rêve, on a tendance à employer l'expression : « ou bien ou bien » : « c'était un jardin ou bien une chambre », cela ne signifie point que la pensée du rêve présentait une alternative ; il y a eu là un « et », une simple succession. Le « ou bien ou bien » nous sert le plus souvent à exprimer l'aspect confus d'un élément du rêve, confusion qui peut encore être éclaircie. La règle de l'interprétation doit être en pareil cas la suivante : mettre sur le même plan les deux membres de l'apparente alternative et les unir par la conjonction « et ». Par exemple, je rêve, après avoir longtemps cherché en vain l'adresse d'un de mes amis qui habite en Italie, que je reçois un télégramme portant cette adresse. Je la vois, en caractères bleus, sur le papier ordinairement employé. Le premier mot est indistinct,

peut-être *via* ou bien *villa*, ou aussi (*casa*)	le second est clair : *sezerno*,

Le second mot, qui a bien une consonance italienne et qui, de plus, rappelle nos conversations au sujet d'étymologies, exprime mon déplaisir parce qu'il m'a si longtemps caché son séjour là-bas. À l'analyse, chacun des mots proposés comme premier apparaît comme le point de départ indépendant et plausible d'une série d'associations d'idées[24].

24. Ce rêve concerne Fliess, qui est l'ami en question. Freud lui raconte son rêve et le commente dans sa lettre du 28 avril 1897 (lettre 60 dans *La Naissance de la psychanalyse*, PUF, 1986, p. 171). Le rêve qui suit dans la *Traumdeutung*, « On est prié de fermer les yeux », est rapporté également dans la lettre à Fliess du 2 novembre 1896, quelques jours après l'enterrement du père de Freud (lettre 50, *ibid.*, p. 151).

La nuit qui précéda l'enterrement de mon père je vis en rêve un placard imprimé, une sorte d'affiche, quelque chose comme le « Défense de fumer » des salles d'attente des gares. On y lisait :

On est prié de fermer les yeux
ou
On est prié de fermer un œil,

ce que j'ai l'habitude d'écrire ainsi :

$$\text{On est prié de fermer } \frac{\text{les yeux}}{\text{un œil.}}$$

Chacune de ces formules a son sens particulier et dirige l'interprétation de manière différente. J'avais choisi le cérémonial le plus simple, sachant ce que mon père pensait de ces sortes de choses ; certains membres de la famille m'avaient désapprouvé, objectant le qu'en-dira-t-on. D'où l'expression allemande « fermer un œil » (user d'indulgence). Il est facile ici de comprendre la confusion exprimée par le « ou bien ». Le travail du rêve n'a pu parvenir à trouver un mot unique, mais ambigu, qui représentât les deux pensées ; ainsi, dans son contenu même, les deux idées principales sont déjà séparées[25].

Il arrive parfois qu'une alternative difficile à représenter soit exprimée par la division du rêve en deux parties égales.

La manière dont le rêve exprime les catégories de l'opposition et de la contradiction est particulièrement frappante : il ne les exprime pas, il paraît ignorer le « non ». Il excelle à réunir les contraires et à les représenter en un seul objet. Le

25. La dualité n'apparaît pas en français où l'on dit « fermer les yeux » dans le sens de : « être indulgent ». [N. d. T.]

rêve représente souvent aussi un élément quelconque par son désir contraire, de sorte qu'on ne peut savoir si un élément du rêve, susceptible de contradiction, trahit un contenu positif ou négatif dans les pensées du rêve*. Dans l'un des rêves dont nous venons de parler (celui dont nous avons interprété la première partie : « parce que j'ai telle origine »), la rêveuse descend à travers des barrières et tient à la main une branche fleurie. Comme elle pense à ce propos à l'ange qui porte un lis lors de l'Annonciation (elle-même s'appelle Marie) et aux jeunes filles vêtues de blanc qui, pour la procession de la Fête-Dieu, passent dans les rues jonchées de branches vertes, le rameau fleuri du rêve est certainement un symbole d'innocence sexuelle. Mais ce rameau est couvert de fleurs rouges qui paraissent être des camélias. Le rêve indique encore qu'à la fin de sa route les fleurs sont en partie effeuillées. Suivent ensuite des allusions assez claires aux périodes menstruelles. Ainsi la même branche portée comme un lis, comme par une jeune fille innocente, contient une allusion à la Dame aux Camélias[26], qui, comme on le sait, portait toujours un camélia blanc, mais, à ce moment, le remplaçait par un rouge. La même branche de fleurs (« la fleur de la vierge » dans *La Trahison de la meunière* de Gœthe) représente

---

**J'ai trouvé dans un travail de* K. Abel : Der Gegensinn der Urworte, *1884 (cf. mon analyse in* Jahrbuch f. Psychoanalyse, *II, 1910*, Ges. Werke, *Bd. VIII), un fait, surprenant pour moi, mais confirmé par d'autres linguistes : les langues primitives s'expriment à ce point de vue-là comme le rêve ; elles n'ont au début qu'un mot pour les deux points opposés d'une série de qualités ou d'actions (fort-faible, vieux-jeune, proche-lointain, lié-séparé). Les termes spéciaux pour indiquer les contraires n'apparaissent que tard, par légère modification du terme primitif.* Abel *note que ce fait est constant dans le vieil égyptien et signale qu'on peut en trouver des traces dans les langues sémitiques et indo-européennes.* [Note de 1911.]

26. Héroïne du drame en cinq actes d'Alexandre Dumas fils (1852), tiré par l'auteur de son roman du même nom (1848).

donc l'innocence, et aussi le contraire. Dans ce rêve, qui exprime le bonheur d'avoir traversé la vie sans aucune tache, on sent par endroits (lorsque les fleurs s'effeuillent) la suite d'idées opposée : elle est coupable de nombreux péchés contre la pureté sexuelle (surtout dans son enfance). L'analyse du rêve nous permet de distinguer nettement deux suites d'idées : l'une superficielle, consolante, l'autre profonde, réprobatrice, qui sont diamétralement opposées et dont les éléments, de valeur égale mais de sens contraire, sont représentés dans le rêve par les mêmes objets.

Une seule des relations logiques est favorisée par le mécanisme de la formation du rêve. C'est la *ressemblance*, l'*accord*, le *contact*, le « de même que » ; le rêve dispose, pour les représenter, de moyens innombrables*. Ces « de même que » ou leurs substituts appartenant au matériel du rêve sont les premières fondations de toute construction de rêve ; et une partie considérable du travail du rêve consiste à en créer de nouveaux parce que ceux dont il dispose ne peuvent, à cause de la censure de la résistance, pénétrer dans le rêve. La tendance à la condensation vient ici aider l'expression de la ressemblance.

La ressemblance, l'accord, la communauté sont habituellement représentés dans le rêve par le rapprochement, la fusion en une unité qui pouvait se trouver déjà dans le matériel du rêve ou qui y est formée. Dans le premier cas on peut dire qu'il y a *identification*, dans le second *formation composite*. L'identification est ordinairement employée quand il s'agit de personnes, la formation composite quand il s'agit de choses ; toutefois elle peut également s'appliquer à des personnes. Les localités sont souvent traitées comme les personnes.

**Voir la remarque d'*ARISTOTE *sur les aptitudes nécessaires à l'interprétation, cf. p. 91* [de l'édition M], *note 2.*

L'identification se produit de la manière suivante. Une seule des personnes qui forment un ensemble est représentée dans le contenu du rêve, les autres paraissent dans le rêve réprimées par elle. Cette « personne de couverture » apparaît dans toutes les relations et situations des personnes qu'elle recouvre autant que dans les siennes propres. Quand il y a personnalité composite, on trouve dans l'image du rêve des traits particuliers à chaque personne mais qui ne sont pas communs à toutes, si bien que c'est l'union de ces divers traits qui forme une unité nouvelle, une personnalité mélangée. Le mélange lui-même peut être obtenu par divers moyens. La personne du rêve peut porter le nom d'un des individus qu'elle représente – nous *savons* alors, à peu près comme dans la veille, qu'il s'agit de telle ou telle personne –, tandis que les traits sont ceux d'un autre ; ou bien l'image du rêve peut être faite de traits qui dans la réalité sont ceux des deux personnes. La seconde personne peut aussi être représentée par les gestes qu'on lui attribue, les mots qu'on lui fait dire ou les situations où on la place. Dans le dernier cas il n'y a pas grande différence entre l'identification et la formation d'une personne composite. Mais il peut arriver que l'on échoue dans cette formation. Alors la scène a pour acteur une personne, et une autre, ordinairement plus importante, apparaît auprès d'elle et semble n'y point participer. L'auteur du rêve raconte par exemple : « Ma mère était également là » (Stekel[27]). Un élément de cette sorte peut être comparé aux déterminants des hiéroglyphes : ils ne sont point prononcés, mais expliquent d'autres signes.

L'élément commun, qui explique l'union des deux personnes ou plus exactement qui la cause, peut être représenté

---

27. Collaborateur de Freud qui se sépara de lui quelques années plus tard, mais qui a beaucoup travaillé sur le symbolisme des rêves.

dans le rêve ou manquer. Ordinairement l'identification ou la formation d'une personnalité composite servent précisément à épargner cette représentation. Au lieu de répéter : A ne m'aime pas, B non plus, je forme de A et de B une personnalité composite, ou bien je me représente A dans l'une des attitudes qui ordinairement caractérisent B. La personne ainsi formée m'apparaît en rêve dans quelque circonstance nouvelle, et, comme elle représente aussi bien A que B, je suis en droit d'insérer en ce point de l'interprétation le fait commun à toutes deux : qu'elles ne m'aiment pas. C'est de cette façon que l'on atteint souvent des condensations extraordinaires dans le rêve : je peux m'épargner la représentation de circonstances très compliquées en substituant à une personne une autre qui, dans une certaine mesure, se trouve dans les mêmes circonstances. On saisit aisément combien ce mode de représentation par identification peut servir à échapper à la censure due à la résistance et qui impose des conditions de travail si difficiles au rêve. Le motif de la censure peut être précisément dans les représentations qui, dans le matériel, sont liées à l'une des personnes ; on trouve une seconde personne qui soutient les mêmes relations avec le matériel du rêve, mais avec une partie seulement de celui-ci. Le fait que les deux personnes sont unies par une circonstance soumise à la censure amène à en créer une troisième, composite et caractérisée par les traits indifférents de part et d'autre. Cette personne composite ou d'identification étant libre de toute censure, peut désormais figurer dans le rêve. Ainsi, par la condensation, j'ai satisfait aux exigences de la censure.

Quand on trouve dans un rêve la figuration d'un fait qui est commun à deux personnes, cela indique ordinairement qu'il faut chercher autre chose qui est commun aux deux et qui demeure caché parce que la censure en a rendu la figuration impossible. Il s'est produit, si l'on peut dire, un déplacement dans le domaine du commun pour favoriser la figurabilité. Du fait que la personne composite apparaît dans le rêve avec des éléments communs indifférents, je dois conclure que les pensées du rêve renfermaient des éléments communs aussi, mais nullement indifférents.

L'identification ou la formation d'une personnalité composite peuvent donc servir dans le rêve à des buts divers : à la figuration de choses communes aux deux personnes, à la figuration de choses communes *après déplacement*, enfin à la figuration d'une chose commune que l'on ne fait que *désirer*. Le souhait que quelque chose soit commun à deux personnes se confondant souvent avec *l'échange* de l'une contre l'autre, cette dernière relation est aussi exprimée dans le rêve par l'identification. Dans le rêve de l'injection faite à Irma, je désire échanger cette malade contre une autre, je désire donc que l'autre soit ma malade comme celle-ci l'est en ce moment ; le rêve accomplit ce désir en me montrant une personne qui se nomme Irma, mais qui est examinée dans une position qui convenait seulement à l'autre. Un échange analogue est le centre même du rêve de l'oncle : je m'identifie au ministre en traitant et en jugeant mes collègues comme ils l'ont fait.

C'est la personne même du rêveur qui apparaît dans chacun des rêves, je n'ai trouvé aucune exception à cette règle. Le rêve est absolument égoïste*. Quand je vois surgir dans le rêve non pas mon moi, mais une personne étrangère, je dois supposer que mon moi est caché derrière cette personne grâce à l'identification. Il est sous-entendu. D'autres fois mon moi apparaît dans le rêve et la situation où il se trouve me montre qu'une autre personne se cache derrière lui grâce à l'identification. Il faut alors découvrir par l'interprétation ce qui est commun à cette personne et à moi et le transférer sur

---

**V. note p. 235* [de l'édition M].

moi. Il y a aussi des rêves où mon moi apparaît en compagnie d'autres personnes qui, lorsqu'on résout l'identification, se révèlent être mon moi. Il faut alors, grâce à cette identification, unir des représentations diverses que la censure avait interdites. Ainsi je peux représenter mon moi plusieurs fois dans un même rêve, d'abord d'une manière directe, puis par identification avec d'autres personnes. Avec plusieurs identifications de cette sorte on peut condenser un matériel de pensées extraordinairement riche*. Le fait que le moi du rêveur apparaisse plusieurs fois ou sous plusieurs formes dans le rêve n'est au fond pas plus étonnant que le fait que le moi puisse, dans la pensée consciente, apparaître plusieurs fois ou à des places et dans des relations diverses. Par exemple dans l'expression : « Quand je pense à l'enfant plein de santé que j'étais[28] ! »

La solution des problèmes que pose l'identification est beaucoup plus aisée pour les noms de localités, parce que notre moi si puissant dans le rêve n'apporte ici aucun trouble. Dans un de mes rêves au sujet de Rome (cf. p. 173) la ville où je me trouve s'appelle Rome, mais je m'étonne du grand nombre d'affiches allemandes qui se trouvent au coin d'une rue. C'est l'accomplissement d'un désir, et je songe aussitôt à Prague ; ce désir provient d'une période de ma jeunesse où je fus fort nationaliste allemand. À l'époque de ce rêve je comptais voir à Prague un de mes amis ; l'identification de Rome et de Prague prouve une communauté souhaitée ; j'aurais préféré rencontrer mon ami à Rome qu'à Prague, j'aurais voulu échanger Prague contre Rome à cette occasion.

**Quand je ne sais sous quelle personne de mon rêve se dissimule mon moi, j'applique la règle suivante : je recherche celle qui, dans le rêve, éprouve un affect que je ressens dans mon sommeil.*

28. Cette dernière phrase est une addition de 1925.

La possibilité de former des images composites est au premier plan des faits qui donnent si souvent au rêve un cachet fantastique; elles y introduisent, en effet, des éléments qui n'ont jamais pu être objets de perception. Le processus psychique est évidemment le même que celui qui nous fait nous représenter ou dessiner pendant la veille un centaure ou un dragon. La différence est que les créations fantastiques de la veille sont déterminées par l'impression qu'elles sont destinées à faire, tandis que les images composites du rêve sont déterminées par un facteur qui demeure extérieur à leur forme : ce qu'il y a de commun dans la pensée du rêve. La formation composite peut être obtenue dans le rêve de multiples façons. La plus simple est la figuration des qualités d'un objet, accompagnée de la notion qu'elle convient aussi à un autre. Une technique plus compliquée réunit en une image nouvelle les traits de l'un et de l'autre objet et utilise adroitement les ressemblances réelles. Selon le matériel et l'ingéniosité qui a présidé à cet assemblage, la forme nouvelle peut sembler tout à fait absurde ou apparaître comme fantastique. Si les objets qui doivent être condensés en une unité nouvelle sont par trop disparates, le travail du rêve se contente souvent de créer une image complexe dont le noyau est assez net, mais dont les attributions le sont peu. On peut dire que l'unification, en pareil cas, n'est pas réussie; les deux représentations se recouvrent, et il y a une sorte de concurrence entre les images visuelles. Ceci ressemble au dessin que l'on pourrait obtenir si l'on représentait un concept d'après des images de perception individuelle.

Les rêves fourmillent d'images de cette sorte. J'en ai déjà donné quelques exemples; en voici quelques autres. Dans le rêve (p. 271) qui symbolise la vie de la malade par « la fleur » ou « fanée », le moi du rêve porte un rameau fleuri, qui, ainsi que nous l'avons appris, représente à la fois l'innocence et la faute. La façon dont les fleurs sont placées sur le rameau rappelle les fleurs du *cerisier*, mais chacune est un *camélia*, de plus l'ensemble donne l'impression de plante *exotique*. La pensée du rêve explique ce qu'il y a de commun dans les éléments de cette image composite. Le rameau fleuri fait allusion aux cadeaux qui devaient incliner ma malade à se montrer gentille et accueillante. On lui donnait des cerises quand elle était enfant, plus tard on lui a donné des camélias ; l'élément exotique est une allusion à un naturaliste, grand voyageur, qui avait voulu conquérir ses bonnes grâces avec un dessin de fleurs. Une autre malade voit en rêve un objet composite qui participe de la cabine de bain au bord de la mer, du w.-c. de village et de la mansarde de maison de ville. Les deux premiers éléments se rapportent tous deux à la nudité des gens et au fait de se déshabiller. On peut conclure de leur liaison avec le troisième que (dans son enfance) une mansarde a été pour elle la scène d'un déshabillage. Un malade[29] rêve un lieu mixte composé de deux endroits où l'on fait une cure et où l'on fait sa cour (*Kur* = cure et cour) : mon cabinet de consultation et le lieu public où il a rencontré sa femme pour la première fois. Une fillette à qui son frère aîné a promis de la régaler de caviar rêve que les jambes de son frère sont *couvertes des perles noires du caviar*. La « contagion » au sens moral et le souvenir d'une éruption pendant l'enfance, au cours de laquelle ses jambes étaient couvertes de petits points rouges, ont formé avec les perles du caviar une image nouvelle : « ce que son frère lui a donné ». Des parties du corps humain subissent dans ce rêve le sort des objets dans les rêves antérieurs. On trouve dans un rêve communiqué par Ferenczi[30] une image composite

29. Phrase ajoutée en 1909.

30. Toute cette fin de paragraphe a été ajoutée en 1911.

faite d'un *médecin* et d'un *cheval*, le tout portant une *chemise de nuit*. On trouva ce qu'il y avait de commun à ces trois images après que l'analyse eut fait reconnaître dans la chemise de nuit une allusion au père de la malade dans une scène de l'enfance de celle-ci. Il s'agissait dans les trois cas d'objets qui avaient éveillé sa curiosité sexuelle. Dans son enfance, elle avait été souvent amenée par sa bonne au haras militaire où elle avait pu satisfaire une curiosité que rien n'arrêtait alors.

J'ai dit précédemment que le rêve n'avait aucun moyen d'exprimer la relation de la contradiction, du contraire, du *non*. Je vais montrer qu'il n'en est pas absolument ainsi. Un certain nombre de contrastes sont simplement figurés par l'identification, ceux où l'opposition peut être liée à un remplacement, à un échange. Nous l'avons prouvé par des exemples. D'autres contrastes, qui forment dans les pensées du rêve les catégories : *inversement, au contraire*, sont figurés dans le rêve d'une manière singulière et quasi spirituelle. Le renversement n'apparaît pas lui-même dans le contenu du rêve, mais il exprime ainsi sa présence dans le contenu du rêve : un élément proche appartenant au contenu déjà formé du rêve est renversé comme après coup. Le processus est plus facile à illustrer qu'à décrire. Dans le beau rêve de « haut et bas » (p. 247), la figuration de la montée dans le rêve est renversée, par rapport à l'image modèle des pensées du rêve : la scène d'introduction de Sapho de Daudet ; le fardeau du rêve est d'abord lourd, puis léger, tandis que dans cette scène il est léger d'abord, puis toujours plus lourd. De même, le rêve représente en les renversant les rapports de haut et de bas au sujet du frère. Ceci indique une relation de renversement ou de contraste entre deux fragments du matériel des pensées du rêve. Nous avons reconnu son origine : les fantasmes d'enfance du rêveur le représentaient porté par sa nourrice, ce qui était l'inverse de la situation du roman, où le héros porte sa bien-aimée.

[*La fin du paragraphe donne encore quelques exemples d'inversion, puis traite de l'intensité des images du rêve et aborde plusieurs questions ponctuelles : le jugement dans le rêve, l'unité des rêves d'une même nuit, etc.*]

II

COMMENTAIRE

1. — Plan du texte

Introduction

– Rappel de la distinction entre contenu manifeste du rêve et contenu latent

– Le rêve est un rébus

Le travail de condensation

– Développement considérable des associations suscitées par le rêve

– Densité du réseau des relations entre contenu manifeste et contenu latent

– Exemple du rêve de la monographie botanique

– La surdétermination

– Exemple du « beau rêve » de l'auberge

– Exemple du rêve des hannetons

– Les créations de mots dans les rêves

Le travail de déplacement

– Les déplacements d'intensité sur des détails secondaires

– Le déplacement, procédé essentiel de la déformation dans le rêve

Les procédés de figuration du rêve

– Impossibilité de publier des analyses complètes de rêves

– Impossibilité de figurer les liens logiques dans le rêve

– Le traitement de l'opposition et de la contradiction

– Le traitement de la ressemblance

2. — Explication linéaire

Le rêve est un rébus

Dans ce chapitre, Freud souligne ce qui distingue son travail des tentatives antérieures d'interprétation des rêves : la découverte du contenu latent des rêves. Il oppose le contenu manifeste, c'est-à-dire ce qui est explicitement raconté par celui qui rapporte son rêve, au contenu latent, implicite et caché au premier regard, qui exprime le désir dont le rêve est porteur, et qui peut seul nous faire comprendre la signification du rêve.

Comme il l'avait exposé au chapitre III, c'est seulement dans les rêves des tout jeunes enfants que le contenu manifeste et le contenu latent coïncident : le désir y est directement repérable et expressément formulé, sans travestissement et sans obscurité.

Précisons la valeur épistémologique de la distinction que pose Freud. Il fait un acte qui permet de construire un savoir en même temps qu'une méthode, grâce à une distinction opératoire qui est également une prise de position théorique essentielle. Nous sommes au moment fondateur de la psychanalyse. Ce que Freud a découvert pour l'hystérie – que le symptôme renvoie à des désirs devenus inconscients, à l'histoire antérieure du sujet, et qu'il a pour ainsi dire toujours trait à la sexualité –, voilà que cela s'avère pour une réalité humaine normale et non pathologique, le rêve. Les découvertes effectuées dans les rêves des hystériques sont confirmées par l'analyse que Freud fait d'autres rêves, et en particulier de ses propres rêves. **L'existence d'un psychisme inconscient, l'importance des expériences et des souvenirs infantiles (même apparemment oubliés), le rôle décisif de la sexualité sont donc repérables dans un phénomène humain universel comme le rêve**. Comprendre le rêve, c'est avoir un accès nouveau au psychisme humain, et le comprendre d'une façon inédite. Or c'est par cette distinction technique entre contenu manifeste et contenu latent que Freud peut découvrir et démontrer l'existence et l'importance des processus inconscients dans le rêve.

Il l'exprime avec clarté par l'image du rébus : il faut trouver le code qui permet la traduction du contenu manifeste pour reconnaître le contenu latent. La psychanalyse, lorsqu'elle se penche sur le contenu du rêve – comme lorsqu'elle cherche à comprendre le symptôme –, est donc engagée dans un travail de déchiffrement. C'est une **herméneutique**, c'est-à-dire une théorie et une pratique de l'interprétation. Dans un langage qui évite de se montrer technique, Freud nous propose donc en ce début de chapitre une épistémologie de la psychanalyse, et il en montre les fondements : une distinction à la fois descriptive et conceptuelle (contenu manifeste/contenu latent), qui commande l'exigence technique à prendre en compte dans l'interprétation des rêves, et qui est aussi la manifestation, dans le domaine des rêves, de ce que Freud a mis en évidence dans sa théorie des névroses : l'existence d'un contenu latent qu'il faut déchiffrer porte en effet la marque du refoulement; celui-ci est perceptible dans le rêve par les déguisements du contenu manifeste, analogue de la résistance dans le travail de la cure. Aussi la question de la censure dans le rêve se révélera-t-elle essentielle.

La découverte freudienne du contenu latent des rêves et de leur sens universel, celui d'être un accomplissement de désir, est donc un acte épistémologique essentiel. Freud y trouve une confirmation et une généralisation de ce que les névroses lui avaient fait entrevoir de la structure du psychisme humain. L'existence de pensées inconscientes est désormais acquise ; elle n'est pas un phénomène pathologique, qui ne toucherait que les névrosés, c'est une réalité humaine universelle. C'est pourquoi il est décisif pour Freud de montrer comment sa thèse lui permet de résoudre l'énigme du rêve, d'en comprendre les processus de formation et de dépasser toutes les difficultés de compréhension du rêve attestées par les chercheurs antérieurs. S'il a réellement compris comment se constitue le rêve, et s'il peut interpréter les rêves avec exactitude, alors sa conception novatrice, voire révolutionnaire, du psychisme est exacte. Cette découverte révolutionne notre compréhension de l'existence humaine puisqu'elle déloge la conscience de sa place centrale, et qu'elle fait du désir inconscient le moteur essentiel de notre vie psychique.

Le travail de condensation

L'ampleur des associations suscitées par le rêve

Si l'image du rébus était simple, l'analyse du travail de condensation nous introduit au contraire à l'extrême complexité des rêves. Le texte procède pas à pas. Nous avons vu qu'il s'agissait d'établir comme des faits avérés et indiscutables ce que révèle le déchiffrement du contenu latent. Freud a donc souci de répondre à toutes les objections qui peuvent se présenter.

Il est facile de constater que les associations d'idées suscitées chez le rêveur par chaque élément de son rêve, même le plus infime, sont d'une ampleur beaucoup plus considérable que les images laissées en souvenir par l'acte psychique du rêve. Mais comment interpréter ce fait ?

D'abord les associations d'idées ne s'éloignent pas du rêve, ce ne sont pas des idées ajoutées après coup, lors de la tentative d'interprétation. D'où la nécessité de faire apparaître le plus précisément possible les liens entre les apports de l'association libre et les éléments explicitement présents dans le rêve. L'image du rébus révèle ici sa fécondité : à chaque élément du rêve correspond un réseau d'associations, mais il faut aussi qu'à chaque association répondent des éléments du rêve.

La fonction des exemples

Le recours à des exemples est loin de se limiter à une fonction illustrative. Il y a plusieurs exemples, parce que chacun confirme l'autre. Leur valeur est directement démonstrative. Nous ne pouvons contrôler, il est vrai, pourquoi tel rêveur évoque tel souvenir, fait tel lien avec son existence, que nous ignorons – ou dont nous ne savons que ce que Freud veut bien nous en dire. Mais nous constatons qu'à chacune des situations évoquées, à chaque idée incidente, se rattachent des éléments du rêve, qui trouvent ainsi l'explication de leur présence dans le rêve.

Or un même élément de rêve renvoie à de nombreuses associations. Cette condensation explique l'extrême abondance des associations qui sont nécessaires à l'explication d'un rêve. Mais alors deux problèmes se posent, que Freud formule explicitement : la formation du rêve a-t-elle vraiment mis en jeu autant de souvenirs et d'idées, alors qu'il s'effectue si rapidement au cours de la nuit (parfois même dans les deux secondes qui vont séparer la sonnerie d'un réveil du réveil effectif si par exemple la sonnerie du réveil fait elle-même partie du matériel du rêve et s'y trouve réinterprétée) ? D'autre part, quelles relations exactes unissent-elles le contenu latent au contenu manifeste du rêve ?

La surdétermination

Sur le premier point, la réponse de Freud reste partielle en ce chapitre. Il suffit à Freud de montrer qu'il est bien exact que toutes les associations servent au rêve, qu'elles ne sont donc pas surajoutées. S'il peut arriver qu'une idée nouvelle surgisse lors des associations, elle n'apporte rien de neuf, mais fait ressortir des liens encore inaperçus entre des idées déjà présentes aussi bien dans le contenu manifeste que dans le contenu latent. Freud complétera sa réponse au chapitre VII, en montrant comment les associations inconscientes de la veille mettent déjà en œuvre les connexions qui se retrouveront dans les rêves de la nuit suivante, mais aussi les connexions inconscientes déjà élaborées inconsciemment par le traitement des souvenirs infantiles significatifs, et qui restent sans cesse disponibles, pour peu qu'un reste diurne les réactive et se trouve par là surinvesti.

La deuxième question est systématiquement traitée par Freud dans ce chapitre. Il montre d'abord que chaque élément du rêve condense en lui-même plusieurs références aux idées latentes. Ce qui est clair lorsqu'un même visage du rêve renvoie à deux personnes différentes (l'oncle Joseph et R., l'ami de Freud, dans le rêve de l'oncle à la barbe jaune) doit être généralisé à tous les éléments du rêve. On peut même rendre compte ainsi de l'importance prise par des éléments secondaires pour le contenu latent dans l'expression manifeste du rêve, comme la monographie botanique dans le rêve du même nom : c'est le nombre et la richesse des connexions qu'ils condensent qui leur a donné leur place et leur relief, même si en eux-mêmes ils n'ont pas une importance essentielle parce qu'ils ne sont pas directement l'expression du désir inconscient. Freud met ainsi en évidence la surdétermination de chaque élément du rêve, aspect essentiel du travail de condensation

La structure et la complexité du rêve

Mais surtout, il faut comprendre les liens entre contenu manifeste et contenu latent comme des liens qui existent dans les deux sens. Non seulement un même élément manifeste renvoie à plusieurs idées latentes, mais une même idée latente renvoie à un grand nombre d'éléments du contenu manifeste. De ce point de vue, l'image du rébus est insuffisante : chaque élément du contenu manifeste du rêve n'est pas seulement le résumé d'une idée latente (comme dans le rébus) ni même de plusieurs (du fait de la condensation entendue comme surdétermination). En fait, chaque idée latente se trouve représentée dans plusieurs éléments du contenu manifeste, chacun d'eux renvoyant donc à plusieurs idées latentes, tandis que chaque idée latente est exprimée plusieurs fois dans un même rêve. L'enchevêtrement des relations entre contenu manifeste et contenu latent est extrême et tisse un réseau serré de rapports hétérogènes. Le rêve est une construction complexe, et la condensation n'est pas à comprendre comme un simple procédé de compression du matériel psychique, mais comme un véritable travail interprétatif, extrêmement riche, que le travail d'interprétation s'efforce de déconstruire sans jamais être sûr d'y être totalement parvenu.

On peut même être sûr que le rêve le mieux interprété garde un point obscur, un ombilic qui renvoie au cœur des déterminations inconscientes et qui nous échappe, tandis que l'oubli partiel d'éléments du rêve n'empêche pas nécessairement de poursuivre le travail interprétatif, qui peut d'ailleurs aider à retrouver une partie du rêve oublié (ces questions sont discutées au début du chapitre VII). Même ce qui est déformé par la résistance du rêveur à l'interprétation de son rêve peut être repéré par l'analyste et mis à profit pour comprendre les relations entre le contenu manifeste et le contenu latent – d'autant que ces résistances, et souvent le rêve lui-même, ont fréquemment à voir avec la relation de transfert entre l'analyste et le patient, lorsque c'est dans le cadre d'une cure psychanalytique que le rêve est interprété.

Le travail du rêve

Mais revenons sur le terme de travail de condensation. Cette fois son sens est clarifié. Le processus de condensation n'est pas un simple procédé de surdétermination, même si celle-ci est importante. C'est tout un ensemble de relations de contiguïté et de ressemblances, de superpositions et de liens qui sont construits par un travail psychique considérable, qui déjoue nos capacités conscientes de figuration et de pensée : la déconstruction de la structure complexe du rêve ne peut se faire que pas à pas, détail par détail, et le réseau entier des connexions ainsi mises au jour est difficile à voir dans son ensemble. La pensée mise en œuvre dans le rêve, qui est inconsciente, est infiniment plus complexe que la pensée linéaire de nos raisonnements habituels, et elle nous déroute, car elle obéit à des lois associatives spécifiques (que Freud appelle processus primaires). **Épistémologiquement, le rêve est une structure complexe, et c'est l'ensemble du contenu manifeste qui est en relation avec l'ensemble des pensées latentes inconscientes.** Psychologiquement, le psychisme inconscient témoigne donc d'une capacité de pensée à la fois extrêmement puissante et tout à fait particulière. La notion de travail du rêve est donc essentielle.

Le travail du rêve est l'activité de pensée effectuée grâce aux processus spécifiques que sont le travail de condensation et le travail de déplacement. L'interprétation est déconstruction du travail du rêve, elle effectue, laborieusement, l'opération inverse. L'insistance de Freud sur le terme de travail est significative. Elle trouvera des justifications complémentaires : d'abord au chapitre VII, par la détermination plus systématique des modes de pensée, c'est-à-dire de la différence entre processus primaire et processus secondaire ; mais aussi et surtout dans la théorie des pulsions qui sera précisée en 1915 dans les textes théoriques de la *Métapsychologie*. Si en effet les processus inconscients et leur logique primaire sont au cœur du psychisme, c'est que l'homme est d'abord un être pulsionnel. Les pulsions sont porteuses d'une exigence de travail psychique. Les processus de condensation, de déplacement et de figurabilité (y compris par les symboles), ainsi que l'élaboration secondaire accomplie par l'action de la censure, déjà active dans tous les procédés de (dé)formation des rêves, sont les formes de ce travail psychique inconscient lorsqu'il s'agit des rêves. Le psychisme humain est un laboratoire permanent de traitement des désirs et de formation de pensées.

Le travail de déplacement

Un transfert d'intensité

Le travail de déplacement n'indique pas seulement que dans la déformation des idées latentes dans le rêve (qui est aussi sa construction comme rêve), certains éléments inconscients sont déplacés sur des éléments du rêve manifeste qui y renvoient implicitement. C'est avant tout un transfert d'intensité entre les désirs essentiels exprimés sous forme cachée par le rêve et tel ou tel élément du contenu manifeste du rêve. Les désirs profonds, inconscients, peuvent être atténués dans leur figuration du fait de la déformation dans le rêve, qui est l'œuvre de la censure. La censure est cette force liée au refoulement qui fait obstacle à l'expression directe des pensées inconscientes du rêve, et qui filtre le contenu susceptible, par l'intermédiaire du souvenir du rêve, de parvenir à la conscience sans trop la troubler – encore que tel ou tel de nos rêves puisse nous laisser un sentiment de malaise, ou une impression de trop grande réalité, signe que la censure n'a pas tout à fait réussi à masquer, au moins au niveau des affects, le contenu inconscient du rêve.

En fait, les affects inconscients sont généralement conservés dans le rêve, ce qui explique qu'une scène horrible au niveau du contenu manifeste puisse nous laisser remarquablement froids, tandis qu'un autre rêve, apparemment anodin dans sa figuration, nous trouble profondément. Les affects réellement éprouvés dans la réalité psychique inconsciente sont ainsi transférés, déplacés, sur d'autres représentations.

Les éléments insignifiants

Un élément secondaire du rêve, qui intervient peu dans le sens final dégagé par l'interprétation, peut ainsi être particulièrement renforcé dans le contenu manifeste, tel le terme « botanique » dans le rêve dit de la monographie botanique. Le détail choisi comme lieu du déplacement est généralement un carrefour commode pour la polysémie et la surdétermination du contenu manifeste. Il est aussi l'arbre mis en vue pour cacher la forêt des émois inconscients et des souvenirs infantiles. Il a donc une double fonction, contradictoire en apparence, par rapport aux pensées du rêve : dévoiler et masquer. Il indique la voie des associations possibles, mais il dissimule le sens inconscient et les véritables thèmes du rêve et, à la manière du souvenir-écran de nos tout premiers souvenirs d'enfance, il présente sous une forme particulièrement nette et anodine (et dans le rêve, parfois absurde) ce qui est une réalité psychique complexe et surdéterminée, résultat d'un travail psychique extrêmement riche.

L'étude du rêve de l'oncle à la barbe jaune manifeste très clairement à la fois les condensations de personnages, les phénomènes de déplacement d'intensité sur des détails secondaires – la couleur de la barbe –, et la raison de tels déplacements : masquer l'intention de justification et surtout l'agressivité du rêve. Ce sont aussi bien l'agressivité actuelle injustifiée contre ses collègues (mais subjectivement utile pour justifier le bien-fondé de la nomination de Freud comme professeur) que l'agressivité familiale ancienne mêlée de honte contre l'oncle Joseph à cause de sa malhonnêteté qui échappent à la conscience du rêveur tant que l'interprétation du rêve n'a pas eu lieu.

Les transferts

Il est à remarquer que Freud parle de transfert à propos de ces accents mis sur des détails secondaires par déplacement de l'intensité des désirs inconscients, actuels et infantiles. En 1900, le terme de transfert n'est pas encore un concept technique fixé de la psychanalyse et il garde son insistance (parfois sous-estimée depuis dans les commentaires) sur le déplacement qui s'y trouve opéré. Ici les affects sont déplacés d'une représentation à une autre ; parfois une représentation est remplacée par une autre qui peut s'en rapprocher, soit par proximité (métonymie) soit par ressemblance interne (métaphore) soit, et ce n'est pas rare dans les rêves, par contraste (le très grand évoquant par exemple le tout petit). Chez les psychanalystes postérieurs à Freud, métonymie et métaphore ont souvent été prises comme fil conducteur de la réflexion sur les processus inconscients, montrant ainsi que ces figures de style ne sont pas de simples ornements du langage, mais des témoins du travail psychique inconscient et de l'importance dans l'existence humaine des modes de pensée conduits selon les processus primaires, comme dans le rêve.

Mais le terme de transfert, évoqué à propos de la cure, résume aussi les vicissitudes, souvent éprouvantes, des sentiments et des relations entre un psychanalyste et son analysant (celui qui fait l'analyse, le patient) au cours de la cure. Ils peuvent aller de la confiance sereine à l'hostilité la plus sombre ou au sentiment amoureux le plus passionnel ; ils peuvent fréquemment se mettre au service de la résistance, au lieu de permettre une collaboration efficace à l'effort d'interprétation. Ils transfèrent en effet sur la personne de l'analyste les expériences et sentiments éprouvés autrefois pour d'autres personnes, notamment pour les parents pendant la petite enfance, et ils répètent les expériences infantiles. Il s'agit donc, comme Freud le montre en 1914 (*Répétition*, *remémoration*, *perlaboration*) de passer de la répétition à la remémoration, ce qui suppose un long travail d'élucidation (perlaboration). Le rêve et son interprétation sont donc ainsi une analogie pertinente de ce que sont dans la cure le transfert et son analyse.

Les procédés de figuration du rêve

Le caractère indiscret de l'analyse des rêves

Même si Freud développe parfois longuement telle ou telle ligne d'interprétation des associations suscitées par un rêve, il nous précise que la plupart des analyses de rêve qu'il nous a proposées sont incomplètes. Freud a dû se servir dans cette étude de ses propres rêves, notamment ceux de l'auto-analyse qui suit la mort de son père et coïncide avec ses recherches sur le rêve. Or il répugne à livrer ainsi au public sa vie intime. On peut penser que si les rêves de rivalité professionnelle (déplacement de la rivalité fraternelle ?) ou de justification semblent fréquents dans ce que Freud nous dit de ses propres rêves, c'est sans doute parce qu'il est plus facile d'exposer dans un livre ces sentiments inconscients, même répréhensibles, qu'il ne le serait pour un médecin respectable de Vienne de livrer d'autres sentiments intimes ou rêveries personnelles, par exemple des rêves dont le contenu latent serait surtout sexuel.

Par ailleurs, Freud est également tenu par le secret professionnel en ce qui concerne ses patients. Même dans les cas où il lui serait possible de dévoiler davantage l'ensemble de l'analyse d'un rêve, il faudrait pour les rêves de névrosés aborder la question des rapports entre les rêves qu'ils font et leurs symptômes, ce qui compliquerait l'exposé et le rendrait obscur. Cette question, Freud la pose cependant à la fin de l'ouvrage, et c'est pour souligner à quel point les symptômes névrotiques fonctionnent comme le rêve, par condensation et déplacement. Ils relèvent eux aussi de la logique inconsciente, c'est-à-dire du mode de pensée en processus primaire que Freud commence à décrire dans ce chapitre.

L'expression des liens logiques dans le rêve

Comment en effet le rêve, qui se présente sous forme d'image ou de scénario, peut-il exprimer les rapports logiques entre les idées ? Dans ce passage, Freud se livre à une description dont il ne fera la théorisation qu'au chapitre VII.

Il part ici de la pensée structurée par des liens logiques (cause, conséquence, contradiction, négation, etc.), et il se demande comment le rêve peut penser tout cela. Il montre clairement que la plupart des liens logiques, notamment ceux de causalité et d'opposition, qui sont à la base des raisonnements de la pensée rationnelle, sont négligés par le rêve. Quand ils sont exprimés, c'est sous le mode d'une figuration et non par un outil abstrait. Quand elle est figurée, ce qui n'est pas le cas le plus fréquent, la cause est par exemple indiquée par la juxtaposition d'un moment bref de rêve manifeste avec un rêve central plus développé, qui correspondrait à une proposition principale dans ce qui serait l'expression secondarisée du rapport causal. L'alternative n'existe pas dans le rêve, elle est toujours conjonction des deux éléments mis en opposition, et la pensée en processus primaire du rêve n'invite jamais à choisir, mais toujours à associer.

Le plus frappant est la juxtaposition des contraires sans qu'ils se contredisent ou s'annulent. Si le rêve peut exprimer des oppositions sous forme de contraste, il n'empêche qu'il ignore le principe de non-contradiction qui est la base de la logique classique. Les pensées latentes du rêve sont donc non seulement inconscientes, mais aussi construites selon une logique spécifique dont les ressorts « grammaticaux » essentiels sont la contiguïté et la ressemblance, tandis que les éléments y sont des représentations figurées. La langue du rêve, qui associe le travail du préconscient à des représentations inconsciemment associées, permet donc d'entrevoir le fonctionnement de la pensée inconsciente.

Les processus primaires

Car la logique du rêve n'est pas une pensée inférieure. D'abord elle est première dans notre expérience, d'où le terme de mode de pensée ou de processus primaire. La pensée secondaire de la grammaire et des raisonnements n'est apprise et mise en œuvre que peu à peu par l'enfant, et avec des efforts, alors que le jeune enfant est spontanément sensible aux rapports de ressemblance et à la pensée symbolique. Surtout, les processus inconscients, comme le montre le chapitre VII, sont la base de notre psychisme, puisqu'ils organisent notre « appareil psychique », c'est-à-dire notre capacité même de ressentir et de penser. Il se construit par l'articulation entre la perception, la motricité et ce que Freud décrit alors comme des inscriptions dans des noyaux ou systèmes psychiques inconscients. Les perceptions et les événements qui nous ont atteints formeraient en nous des « traces mnésiques » inconscientes mais toujours actives, réactivées lors de nos rêves. La pensée consciente, celle qui nous permet de percevoir le rêve (et éventuellement de l'interpréter !), n'est qu'un petit cercle, une formation secondaire dans l'ensemble de notre vie psychique. La conscience est secondaire parce qu'elle vient en second, mais aussi parce qu'elle reste partielle. La réalité psychique est fondamentalement inconsciente, et ce sont ses propriétés et son mode de fonctionnement que Freud décrit en montrant comment le rêve relève d'une logique spécifique, qui ne lui permet pas de représenter tous les rapports logiques que construit notre pensée rationnelle, mais qui privilégie la métaphore et la métonymie, joue de la simultanéité, de l'intensité et de la successivité, multiplie condensations et déplacements.

TROISIÈME PARTIE

Outils

I

LEXIQUE

A

Acte manqué
Acte involontaire (maladresse, oubli) révélateur d'une intention inconsciente.

Affect
Qualité de l'éprouvé psychique.

Appareil psychique
Organisation du psychisme dont on peut figurer la structure et les fonctions.

Association libre (ou association [d'idées])
Règle fondamentale de la psychanalyse qui consiste à inviter le patient à dire tout ce qui lui vient à l'esprit.

C

Censure
Effet du refoulement sensible dans les aléas des associations libres (silence, honte, etc.), et dans les processus de déguisement du désir inconscient mis en œuvre par le travail du rêve.

Condensation
Procédé caractéristique des processus primaires et donc du travail du rêve, consistant à fondre ensemble ou à amalgamer des réalités différentes, provenant d'époques différentes, mais reliées associativement par des ressemblances inconscientes.

Conscience
Qualité de certains phénomènes psychiques, finalement secondaire, mais qui demeure notre seul accès à l'ensemble des fonctionnements psychiques.

Contenu latent du rêve (ou pensées du rêve)
Désir inconscient réactivé par les restes diurnes et sous-jacent à la formation d'un rêve, mais qui se trouve déformé et masqué par le travail du rêve et son élaboration secondaire.

Contenu manifeste du rêve
Le rêve tel qu'il est remémoré et éventuellement raconté.

D

Déplacement
Procédé caractéristique des processus primaires et donc du travail du rêve, consistant à déplacer un élément (personne, lieu, idée) pour le représenter par un autre qui lui est associativement lié.

Désir infantile
Désir éprouvé dans l'enfance, puis refoulé mais toujours actif dans l'inconscient, qui se manifeste de façon déguisée dans les rêves et les symptômes de l'adulte.

Dynamique (point de vue)
Prise en compte, pour décrire et comprendre les phénomènes psychiques, du conflit psychique.

E

Élaboration secondaire
Moment de la formation du rêve qui relève du préconscient et qui arrange le rêve pour le faire mieux accepter par la pensée consciente.

Épistémologie
Partie de la philosophie qui s'intéresse aux fondements, aux théories, aux méthodes et aux résultats des connaissances scientifiques.

F

Fantasmes originaires
Fantasmes universels (de séduction, de castration et de scène primitive, peut-être aussi de retour au sein maternel), constitutifs de la structuration psychique.

Figurabilité
Processus qui intervient dans la formation du rêve pour mettre en image la motion pulsionnelle inconsciente.

H

Herméneutique
Technique et théorie de l'interprétation, qu'il s'agisse de philosophie, de psychanalyse ou d'interprétation de textes (notamment religieux ou littéraires).

Hystérie
Pathologie psychique de type névrotique particulièrement marquée par la théâtralisation et par des symbolisations, éventuellement déplacées sur le corps (conversions hystériques), ce qui permit à Freud de découvrir les processus de refoulement et l'importance de l'interprétation des rêves.

I

Identification
Appropriation par le moi, comme faisant partie de lui-même, de traits constitutifs d'un objet pulsionnellement investi.

Inconscient
Système interne à l'appareil psychique dont les représentations, pulsionnellement investies, ne peuvent parvenir à la conscience.

Interprétation des rêves
Reconnaissance du désir latent sous-jacent au récit d'un rêve, par analyse des associations auxquelles donnent lieu les éléments du travail du rêve.

N

Névrose
Formation pathologique sur la base d'une structuration de la personnalité efficace, mais qui a développé à l'excès certaines défenses contre le conflit pulsionnel.

O

Ombilic du rêve
Elément essentiel d'un rêve qui résiste cependant à l'interprétation.

Onirique
Qui relève du rêve.

P

Pensées du rêve
Voir **Contenu latent du rêve**.

Préconscient
Formation psychique qui peut accueillir et modifier les rejetons de l'inconscient et qui permet le devenir conscient des contenus psychiques.

Principe de plaisir
Désigne la recherche de satisfaction comme orientation première et fondamentale du fonctionnement psychique.

Principe de réalité
Correctif apporté au principe de plaisir au cours du développement psychique du fait de la résistance et des exigences de la réalité extérieure.

Processus primaire
Symbolisations, déplacements et condensations caractéristiques des fonctionnements inconscients.

Processus secondaire
Désigne le fonctionnement de la pensée consciente, notamment dans ses formes rationnelles, par opposition aux processus primaires.

Pulsion
Devenir chez l'homme des motions instinctives; concept limite entre le somatique et le psychique qui est la mesure du travail psychique nécessaire au fonctionnement mental.

R

Réalité psychique
Notion qui désigne le fonctionnement psychique avec ses lois propres, comportant l'appareil psychique, les caractéristiques de l'inconscient, les processus primaires et les fantasmes.

Refoulement
Mécanisme de défense de type névrotique caractérisé par la dissociation entre la représentation et l'affect et par le rejet de la représentation dans l'inconscient, où elle reste active et entre

dans des associations psychiques selon les lois du processus primaire.

Régression
Mouvement psychique de retour en arrière, actif notamment dans le rêve et dans des formations pathologiques.
Régression formelle : passage de la logique secondaire de la pensée consciente aux processus primaires.
Régression temporelle : retour à l'infantile.
Régression topique : passage du système perception-conscience au système inconscient.

Rejeton du refoulé
Élément issu du refoulé inconscient, qui agit dans le psychisme et qui peut dans certains cas devenir conscient (par exemple dans le rêve, le lapsus ou dans les associations de la cure).

Représentation de chose/représentation de mot
Représentations qui font partie de la réalité psychique parce qu'elles sont pulsionnellement investies. Les représentations de mots ajoutent un surinvestissement par le langage qui permet éventuellement de rendre consciente une représentation interne.

Résistance
Butée dans la chaîne associative au cours de la séance de psychanalyse, et plus largement, censure liée au refoulement ou évitement de l'élaboration psychique.

Reste diurne
Élément perceptif qui sert de point de départ pour la formation d'un rêve.

S

Souvenir-écran
Souvenir très net, apparemment anodin, d'une période précoce de l'existence.

Stimulus somatique
Excitation du corps susceptible de provoquer un effet psychique

Sublimation
Transformation du but de la pulsion, permettant l'accès à une satisfaction désexualisée et socialement valorisée.

Surdétermination
Condensation sur une même représentation de plusieurs déterminations associatives

Surinvestissement
Renforcement de l'investissement d'un objet, par exemple par l'adjonction de représentations de mot aux représentations de chose.

Symbolisme du rêve
Mise en œuvre de symbolisations, notamment sexuelles, typiques ou singulières, dans le travail du rêve. La symbolique du rêve est le recueil des principales correspondances symboliques.

Symptôme
Manifestation pathologique qui, dans le cas des symptômes névrotiques, est un compromis entre le désir et la défense.

T

Topique
Schéma spatial de l'appareil psychique, qui prend deux formes successives (les deux topiques) dans l'œuvre freudienne.
Point de vue topique : prise en compte des phénomènes psychiques selon leur répartition dans les systèmes topiques (conscient/préconscient/inconscient pour la première topique, Ça/moi/surmoi pour la seconde).

Trace mnésique
Trace inconsciente des perceptions et des expériences, qui permettrait de rendre compte de leur permanence dans l'inconscient et de leur réactivation possible, notamment lors des rêves.

Transfert
Investissement de l'analyste par l'analysant, qui transfère sur lui des affects et des attentes déjà vécus avec ses objets d'amour infantile. Le transfert est à la fois résistance et moteur de la cure.

Travail du rêve
Activité psychique inconsciente qui met en œuvre les processus primaires (condensation, déplacement, figurations et symbolisations) pour former un rêve.

II

INDEX DES NOTIONS

III

SUJETS DE DISSERTATION

- Les rêves ont-ils un sens ?
- Les pensées peuvent-elles être inconscientes ?
- Le désir est-il la marque de la misère de l'homme ?
- Pourquoi désirer l'impossible ?
- Sommes-nous responsables de nos désirs ?
- Le passé est-il encore réel ?
- L'oubli n'est-il qu'une défaillance de la mémoire ?
- Sur quelles raisons pouvons-nous nous appuyer pour admettre l'existence de l'inconscient ?
- Peut-il y avoir une science de l'inconscient ?
- Quelle conception de l'homme l'hypothèse de l'inconscient remet-elle en cause ?
- La notion d'inconscient introduit-elle la fatalité dans la vie de l'homme ?
- L'idée d'inconscient exclut-elle l'idée de liberté ?
- Peut-on ne pas savoir ce que l'on fait ?
- Suis-je responsable de ce dont je n'ai pas conscience ?
- L'hypothèse de l'inconscient contredit-elle l'exigence morale ?
- Puis-je invoquer l'inconscient sans ruiner la morale ?

- Le recours à l'inconscient autorise-t-il l'alibi de l'inconscience ?
- Si la connaissance de soi est utopique, devons-nous pour autant y renoncer ?
- L'inconscient permet-il autant que la conscience de définir l'homme ?
- Comment sait-on que quelqu'un est conscient de ce qu'il fait ?
- Peut-on avoir peur de soi-même ?
- Y a-t-il une fonction de l'illusion ?
- Peut-on ne pas être soi-même ?

IV

BIBLIOGRAPHIE

Principaux textes de Freud sur le rêve

- *L'Interprétation des rêves* (1900), traduction d'I. Meyerson revue par D. Berger, PUF, 1926, 1967; nouvelle édition en préparation dans les *Œuvres complètes* (PUF), sous la direction de Jean Laplanche.
- *Sur le rêve* (1901), Gallimard, coll. « Folio Essais », 1988.
- *Cinq leçons sur la psychanalyse* (1909), Payot, coll. « Petite Bibliothèque », 1979 (la troisième conférence est consacrée au rêve).
- « Complément métapsychologique à la théorie du rêve », *Métapsychologie* (1915), Gallimard, coll. « Folio Essais », 1968, p. 123-143.
- *Introduction à la psychanalyse* (1917), Payot, coll. « Petite Bibliothèque », 1985, IIe partie (chap. V à XV).
- « Révision de la théorie du rêve », *Nouvelles Conférences d'introduction à la psychanalyse* (1933), Gallimard, coll. « Folio Essais », 1984.

Commentaires de *L'Interprétation des rêves*

- Didier ANZIEU, *L'Auto-analyse de Freud et la découverte de la psychanalyse*, 2 tomes, PUF, 1959; 2e éd. 1975.
- Pierre-Henri CASTEL, *Introduction à « L'Interprétation du rêve », de Freud*, PUF, 1998.

~ Laurence KAHN, *Sigmund Freud, 1897-1904*, PUF, coll. « Psychanalystes d'aujourd'hui », 2000.

Études sur le rêve

~ Angel GARMA, *Le Rêve : traumatisme et hallucination*, PUF, 1981.

~ Jean GUILLAUMIN, *Le Rêve et le Moi*, PUF, 1979.

~ Michel JOUVET, *Le Sommeil et le rêve*, Éditions Odile Jacob, 2000.

~ Françoise PAROT, *L'homme qui rêve*, PUF, 1995.

~ Jean-Michel PORRET, *L'Arrière-scène du rêve. Essai psychanalytique sur les fondements du rêve et ses échecs*, L'Harmattan, 1997.

~ Salomon RESNIK, *La Mise en scène du rêve*, Payot, 1984.

~ « L'Espace du rêve », *Nouvelle Revue de psychanalyse*, n° 5, Gallimard, printemps 1972.

Introductions à la psychanalyse

~ Dominique BOURDIN, *La Psychanalyse de Freud à aujourd'hui. Histoire, concepts, pratiques*, Bréal, 2000.

~ Jean-Pierre CHARTIER, *Introduction à la pensée freudienne*, Payot, coll. « Petite Bibliothèque », 2001.

~ Monique DAVID-MÉNARD, *Tout le plaisir est pour moi*, Hachette Littératures, 2000.

Instrument de travail

~ Jean LAPLANCHE et Jean-Bertrand PONTALIS, *Vocabulaire de la psychanalyse*, PUF, 1967 ; rééd. coll. « Quadrige », 1998.

Aubin Imprimeur
LIGUGÉ, POITIERS

Achevé d'imprimer en décembre 2001
N° d'impression L 62781
Dépôt légal décembre 2001
Imprimé en France